SOUVENIRS

DE

LA MOBILE

Paris. — Imprimerie VIÉVILLE et CAPIOMONT, rue des Poitevins, 6.

CAMPAGNE DE PARIS

SOUVENIRS

DE

LA MOBILE

(6e, 7e ET 8e BATAILLONS DE LA SEINE)

PAR

AMBROISE RENDU

ANCIEN OFFICIER DE MOBILES

*Quamquam animus meminisse horret
luctuque refugit... incipiam.*
(ÉNÉIDE.)

PARIS

LIBRAIRIE ACADÉMIQUE
DIDIER ET Cie, LIBRAIRES-ÉDITEURS
35, QUAI DES AUGUSTINS, 35

1872

Tous droits réservés.

A MES CAMARADES
DU 3ᵉ RÉGIMENT DE LA GARDE MOBILE
(6ᵉ, 7ᵉ ET 8ᵉ BATAILLONS DE LA SEINE)

A MONSIEUR
LE COLONEL VALETTE

A MONSIEUR
LE COMTE DE VERNOU-BONNEUIL
LIEUTENANT-COLONEL

PRÉFACE

J'ai publié dans le *Journal de Paris* les notes dont se compose en grande partie ce petit volume. L'accueil indulgent que le lecteur a bien voulu faire à ces récits m'a encouragé à les réunir. C'est donc, à vraiment parler, une seconde édition que je livre à la publicité. Toutefois, comme ces pages ne devaient plus avoir l'attrait passager de la nouveauté, j'ai entrepris, en les joignant l'une à l'autre, de leur donner ce qu'elles ne pouvaient pas avoir dans le journal : l'unité. Le feuilleton, à cause des exigences de la publication quotidienne, a un certain négligé que le lecteur peut accepter, et qui souvent est le seul mérite de l'œuvre ainsi produite. Aussi ai-je cherché à donner une cohésion, à trouver un enchaînement à des notes décousues. Et si je n'ai point suivi le précepte du critique, je crois qu'en ajoutant çà et là quelques lignes, j'aurai pu rendre à mes souvenirs une apparence littéraire que la désinvolture du feuilleton ne m'avait pas permis de leur prêter.

Tel est le but de ce volume; s'il peut trouver grâce auprès de ceux qui ont parcouru les colonnes du journal, j'aurai obtenu une récompense bien précieuse à mes yeux: être relu. N'est-ce pas là le rêve de tous ceux qui écrivent? Que la pensée du lecteur se reporte une fois encore vers le volume, oublié sitôt que lu.

En écrivant ces lignes, je n'ai pas la prétention de faire l'histoire du siége de Paris. Je laisse cette tâche délicate et difficile à des plumes plus autorisées et plus habiles. La série des ouvrages sur la fatale guerre est déjà longue, j'aurais mauvaise grâce à tenter d'y ajouter encore. D'ailleurs tel n'a pu être mon projet. Mon ambition, toute modeste, s'est d'avance posé des bornes qu'elle ne dépassera point. Je veux seulement retracer, au courant de la pensée, des souvenirs intimes.

Dans cet immense ensemble d'opérations militaires, dont le périmètre de Paris fortifié a été le théâtre pendant cinq mois, j'ai choisi un côté, celui dont j'ai pu par moi-même saisir tous les détails. C'est une des nombreuses facettes d'un prisme que je veux étudier et décrire.

L'œuvre sera donc simple, elle s'explique d'elle-même, et pour toute préface il me suffit de dire : Ce sont là des notes recueillies à l'aventure sur un carnet, et que je transcris ici. Jaloux de ne rien dire que de certain, et voulant donner à mon œuvre, à défaut d'autre mérite, celui de la sincérité, je pourrais à la suite de chaque épisode ajouter ces mots : « J'étais là, telle chose m'avint ».

Le côté douloureux du travail ne m'a pas échappé ; en tournant chaque feuillet de ma pensée, je réveillais une douleur assoupie. Pourquoi raviver sa peine, lorsque le temps en a déjà adouci les angoisses ? C'est qu'auprès des tristesses de la défaite, héroïquement retardée, il y a place aussi pour de consolants souvenirs.

Le récit qu'on va lire est surtout celui de la

part prise dans la défense de Paris par le 7ᵉ bataillon des gardes mobiles de la Seine, auquel j'ai eu l'honneur d'appartenir longtemps. La presse s'est occupée de lui d'abord, car le premier de tous, il a été au feu, et des incidents intéressants se rattachent à son histoire; j'essayerai d'en dépeindre la physionomie originale. Plus tard, le 6ᵉ et le 8ᵉ bataillon sont venus se joindre à nous, moi-même j'ai été nommé dans le 6ᵉ, et pendant plus de trois mois nous avons été réunis. Aussi puis-je dire que c'est plutôt l'histoire du régiment ainsi constitué, que j'ai écrite.

Je passe rapidement sur les débuts de la campagne. On a déjà raconté en termes pittoresques et vrais notre séjour au camp de Châlons. Eloges ou blâmes ont été déjà décernés à la mobile parisienne. Journaux, brochures, volumes, discours ont à l'envi décrit ces scènes tumultueuses de l'arrivée au camp. On a eu des paroles sévères pour l'attitude de ces jeunes gens qu'un jour avait rendus soldats, et qui avaient dû dépouiller le lendemain les sentiments de la veille. J'ai, comme tous les autres, déploré ces regrettables conflits dont la cause était, il faut bien le dire, dans la coupable négligence de l'intendance militaire; mais je me hâte de le dire: Notre bataillon n'était pas encore arrivé à Châlons, quand eurent lieu les scènes dont l'opinion publique s'est vivement émue.

Je dirai encore pour réhabiliter la mémoire de notre jeune troupe, peut-être sacrifiée par le général Trochu sur l'autel de sa popularité naissante, que si à Châlons nous n'avons pas toujours fait bonne contenance, c'est que d'une part nous n'avons eu dans la dernière période de notre séjour au camp que de mauvais fusils à tabatières, et que lorsqu'on nous annonça l'approche des uhlans, nous n'avions pas reçu de cartouches. Voilà la vérité, elle suffit, il me semble, à purger notre mémoire des attaques violentes dont elle a été l'objet. Si nous sommes revenus à Paris avec le nouveau gouverneur, c'est que nous n'étions pas armés.

Là est la cause de ces défaillances, auxquelles n'ont pas échappé certains bataillons de la mobile de la Seine ; si on les avait dirigés vers les armées de province on aurait eu ainsi un noyau d'excellentes troupes, et on aurait évité bien des désordres. Je ne ferai pas d'autre réponse à ceux qui ont exalté ou rabaissé le rôle de la mobile. On verra, à lire ce récit, de quels sacrifices était capable un corps qui a supporté sans faiblir d'aussi rudes épreuves.

Mais ma tâche est circonscrite, et les appréciations ou les critiques n'y pourraient rentrer; aussi, me reportant au début même de l'investissement, je commencerai mon récit aux premiers jours de notre campagne sous Paris, et je chercherai d'abord à esquisser les impressions communes au moment où les éclaireurs ennemis nous furent signalés.

CAMPAGNE DE PARIS

SOUVENIRS
DE LA MOBILE

CHAPITRE PREMIER

CHATILLON

Du camp de Saint-Maur, dernier lieu de réunion de la mobile parisienne, nos bataillons avaient été dirigés vers différentes positions et répartis sur tout le périmètre de Paris. Les uns devaient occuper les forts; aux autres on avait assigné des points stratégiques pompeusement qualifiés de redoutes, et dont, hélas! l'avenir devait démontrer l'importance si tardivement révélée et reconnue. Les scènes du départ, fort pittoresques, sans doute, s'étaient quelque peu ressenties de l'égoïsme militaire qui commençait à nous envahir. Chacun avait dit au revoir aux camarades de collège ou d'école, aux confrères, si nombreux dans nos rangs; et, pleins d'espoir, car nous étions tous jeunes, nous nous étions gaiement lancés dans les hasards de la vie nouvelle.

Notre bataillon avait été remarqué dès Châlons par la bonne tenue de ses hommes. Confié à un chef habile et plein de cœur, le comte de Vernou-Bonneuil, ancien capitaine de chasseurs à pied, il avait déjà montré tout ce qu'il pouvait faire. Des marches militaires, qui lui avaient valu le surnom de *Baladeur*, l'avaient préparé à un service pénible. On nous destina donc à une des positions les plus importantes. Faut-il le dire aussi, une autre considération avait peut-être inspiré cette décision. On savait en haut lieu que les plaisirs de la famille ou de la ville attiraient singulièrement notre jeune troupe. En l'éloignant davantage de l'enceinte, on lui donnait le mérite du devoir accompli, tout en écartant les tentations et les occasions d'y succomber.

Nous fûmes ainsi conduits sur le plateau de Châtillon, où quelques tranchées à peine creusées déterminaient la place que devait couvrir la redoute.

Elle était placée au point culminant du plateau,

et coupait la route de Châtillon à Choisy-le-Roi, dont elle défendait ainsi l'entrée.

Nous étions arrivés le 10 septembre ; dès le lendemain, nous commençons le rude service des grand'gardes.

Le bataillon s'installa dans les quelques villas qui couronnent le plateau. Le mode de répartition était fort simple et encore plus pratique. Tant d'hommes devaient se loger dans telle maison ; on ouvrait la porte, ils s'y engouffraient jusqu'au dernier, et on leur laissait le soin de se caser, quelle que fût la dimension du local. Ainsi, une compagnie de cent-vingt hommes occupait le réduit parfaitement dénué de meubles, où, quelques jours auparavant une famille de cinq personnes devait se trouver à l'étroit. La cuisine, le grenier, les rares écuries étaient envahis par les escouades. La discipline militaire, dont nous nous pénétrions lentement, avait suffi à renverser cet axiome jusqu'alors respecté : que le contenant doit être plus grand que le contenu. Ce qu'on perdait en largeur, on s'ingéniait à le retrouver en hauteur.

Le mobilier était singulièrement primitif. Mais comme on dormait bien sur la paille qui remplaçait lit, chaises et table! Dans le grenier, nous avions découvert des plâtres moulés; ce fut un appoint au mobilier. Je me rappelle qu'un grand Moïse supportait fort dignement mon sabre, et regardait d'un air sévère une Vénus de Milo tout étonnée de sentir un sac sur ses épaules. Des planches, empruntées aux palissades, complétaient la décoration. Nous y étalions ces mille menus objets, nécessaires en campagne, et qui trouvaient leur place dans l'armoire à glace portative du troupier.

Le service des postes avancés semblait un peu rude à nos conscrits. Les loisirs du camp ne nous avaient pas habitués à cette surveillance continuelle, à ces longues veillées. Mais quelles compensations de ces fatigues dans le merveilleux tableau qui se déroulait à nos pieds. La sentinelle placée sur la vieille tour de Crouy, à l'entrée du village, dominait du regard tous les environs. Devant elle c'était Paris et ses hauts monuments qui se profilaient sur l'uniformité grise des toits, ses clochetons et ses tours surgissant çà et là, semblables à ces héros de la fable qui dépassaient de toute la tête leurs obscurs compagnons d'armes.

Au-dessous de nous s'étendaient les plaines de Clamart, de Vanves, d'Issy et de Montrouge, d'où se détachaient les lourdes masses des forts.

Un temps splendide et presque monotone dans sa beauté augmentait encore le charme du panorama. A droite du plateau, l'œil se reposait sur les bois chaudement éclairés de Sceaux et de Verrières. A gauche, les collines de Clamart et de Sèvres, déroulant à perte de vue leurs frais replis, formaient le rideau de ce tableau. Derrière nous, c'étaient encore des bois, et la route de Choisy à Versailles.

On me pardonnera d'avoir insisté sur ces premiers souvenirs. L'esprit aime à repasser ces riantes images, dont les teintes s'affaiblissent si vite, mais qui sont restées pour moi, comme les décors de la scène qui allait s'ouvrir.

Notre premier poste était au Trou-d'Enfer, nom prétentieux donné à une petite tourelle située à l'extrémité du plateau. La légende qui devait s'y rattacher n'est pas parvenue jusqu'à moi. Les sept compagnies du bataillon s'y relayaient de deux en deux jours. Nous étions chargés de surveiller les bois de Clamart, et, les vingt-quatre heures passées, nous rentrions à nos réduits, las mais contents. Rien de plus gai que ce retour par les bois; les sacs et les armes déposés, on s'empressait de courir au modeste cabaret qui était resté ouvert pour nous.

Comme elle était animée cette petite auberge, remplie à toute heure, et quels bons repas nous y faisions sous les tonnelles! C'est que les omelettes n'étaient pas encore un problème, et les biftecks se distribuaient à tout venant. Nous n'avions qu'à étendre la main pour cueillir des grappes énormes de muscat, abandonnées par les habitants.

Une vieille tour, qui avait été jadis un moulin, offrait encore l'hospitalité à nos postes. Nous y passions la nuit sur des bancs; heureux celui qui pouvait s'étendre sur quelques poignées de paille oubliées dans un coin. Et puis les émotions commençaient à se mêler à notre vie jusqu'alors paisible; les recrues s'aguerrissaient. Une sentinelle aperçoit quelques cavaliers sur la route : Aux armes! Chacun est bientôt prêt; on y court : c'étaient des lanciers.

Une nuit, entre autres, nous dormions sur notre paille. Tout à coup, on sonne l'*assemblée*. Il est deux heures du matin; on se lève à la hâte et l'on court se ranger sur la route. Chacun prend position derrière l'épaulement de terre qui s'élevait péniblement ; on appuie son fusil sur les fascines et l'on cherche à distinguer quelque ennemi. L'heure se passe ; on se lasse de guetter, et le jour nous retrouve roulés dans nos couvertures sur la terre humide.

Une alerte plus sérieuse servit de prélude aux opérations qui allaient commencer. Nous étions de grand'garde en avant de Sceaux, dans un restaurant bien connu des viveurs parisiens, aux Quatre-Chemins. Après avoir vainement tenté d'incendier les bois à grand renfort de pétrole et de fagots, nous étions rentrés au poste. A la tombée de la nuit nous entendons un coup de fusil, puis un second, on saute aux faisceaux. La sentinelle interrogée raconte qu'elle a vu à cinquante pas cinq cavaliers s'avançant vers elle, et dont le manteau blanc se détachait sur les murs. J'en ai touché un, disait-elle : c'est un uhlan. La nuit se passe en armes; nous sommes prêts. Les lignes de retraite sont savamment choisies; chacun fait son plan de bataille, et nous attendons. Aucun incident ne vient cependant justifier ces précautions. Sans doute, notre vigilance a contraint l'ennemi à la retraite ; c'est déjà une victoire. Le lendemain on court le pays, on prend des informations. Personne n'a vu de blessés. Les paysans des environs n'ont rien entendu, et après cinq mois nous n'avons pas encore le mot de cette aventure.

Cependant la redoute tant espérée s'avançait péniblement. Des difficultés pécuniaires venaient encore, disait-on, retarder les travaux. MM. Jules Favre et Dorian étaient venus les visiter ; nous avions vu aussi M. Thiers. On commençait à comprendre en haut lieu de quelle importance devait être cette redoute si longtemps négligée. Des ordres furent donnés pour augmenter les ouvriers ; mais il était trop tard.

Le gouvernement, *dit* de la Défense nationale, avait depuis le 4 septembre fait gratter les N des palais jadis impériaux. On avait écrit en grosses lettres les formules républicaines, et la population parisienne, qui s'est toujours grisée de mots, criait à tue-tête sur les boulevards : Vive la République. C'est ainsi, dit-on, que les Gaulois se préparant au combat poussaient de grands cris pour terrifier l'ennemi. Les Parisiens n'avaient pas oublié les allures de leurs ancêtres ; mais l'ennemi nouveau ne redoutait plus ces hurlements monotones.

Aussi bien puis-je le dire aujourd'hui, on avait dans les conseils pensé à tout autre chose qu'à la défense. L'argent des caisses s'épuisait en grattages et en inscriptions, mais les ouvriers qui travaillaient à Châtillon ne recevaient pas la solde qu'on avait promise ; nous étions si pauvres alors ! Hélas ! les maximes républicaines ne nous avaient pas encore pénétrés sans doute, puisque les ouvriers refusaient de faire gratis, pour la défense de la ville, les travaux nécessaires. C'est là un terrible grief contre les hommes issus du quatre Septembre, et il faut le dire encore : c'est par leur faute que nous avons perdu Châtillon. Mais peut-être comptaient-ils sur l'enthousiasme républicain qui se manifestait si bruyamment pour repousser l'ennemi. A quoi bon les remparts de terre, quand toutes les poitrines s'opposeront au Prussien s'il vient souiller le sol sacré, conquis par les Belvillois à liberté ? Il y a de par l'histoire humaine quelques exemples de ces naïvetés étranges.

Aussi signalait-on déjà les premiers uhlans, que les poudrières sortaient à peine de terre, que les fossés n'étaient qu'à demi creusés, et les talus impropres à soutenir les pièces. En vain déploya-t-on, au dernier moment, une activité fébrile. Les travaux avaient fait peu de progrès, et il n'y avait pas une seule casemate debout quand, le 17 septembre, arriva sur le plateau une division de ligne ; quelques batteries la suivirent et des voitures de munitions. On amenait aussi des provisions considérables, que le Prussien devait manger.

On avait appris que les Prussiens s'étaient massés à Choisy pour se diriger en forces sur Versailles, et l'on comprenait, quoiqu'un peu tard, qu'il fallait à tout prix les arrêter. Châtillon seul pouvait être une digue suffisante au torrent prussien.

Le 17, le Prince royal avait traversé la Seine à Villeneuve et sur d'autres points, et son armée s'étendait déjà en plusieurs groupes par Bièvre, Palaiseau, Chatenay et Sceaux. Déjà même, le 18, au moment où l'avant-garde du Prince royal de Saxe débouchait par la vallée de la Marne, elle avait heurté une colonne française qui avait dû reculer.

Nous dûmes abandonner les maisons où nous étions installés. On nous fit descendre dans le village de Châtillon pour céder la place à l'état-major.

Notre compagnie fût logée tout entière dans une immense grange attenante à un four à plâtre. Nous y rencontrâmes heureusement quelques bottes de paille. Les habitants du village s'étaient enfuis à l'approche du danger. A peine restait-il encore quelques cabarets. Les vivres devenaient rares, et je me vois encore, assis sur un tas de fumier et dévorant sur un morceau de pain le dur morceau de bœuf qui devait constituer mon dîner.

Le 17 au soir, en quête de subsistances, nous découvrons dans une maison abandonnée un orgue de barbarie et une lanterne magique. Immédiatement on organise une soirée. Une des vastes salles de la carrière à plâtre sert de théâtre : le drap traditionnel est remplacé par une carte de géographie qu'on retourne ; un camarade tourne la manivelle de l'orgue qui avait perdu la mémoire, et dont on ne tirait plus qu'un seul refrain criard. Mais la gaieté et les lazzis remplacent la musique, et je commence à raconter l'histoire de Robinson Crusoé, avec vignettes qu'éclairait vaguement une fumeuse lanterne. Tout le répertoire du petit théâtre en fer-blanc y devait passer.

Mais le montreur de lanterne magique propose et l'ennemi dispose. On nous appelle bientôt ; la lanterne magique est précipitamment abandonnée, l'orgue laisse échapper tristement un dernier son. Il faut recevoir des cartouches, et, comme il est tard, chacun va chercher quelques heures de repos.

A trois heures du matin, réveil. Nous partons pour occuper les bois de Clamart. Notre bataillon est placé à la lisière du bois, sa droite s'appuyait aux murs du parc de Meudon. Chaque compagnie avait devant elle un cordon de sentinelles. Nous étions rangés sur une grande allée qui, partant de la route de Versailles, descendait jusqu'au village de Meudon, et nous devions y rester tout le jour. Cette journée du 18 septembre est restée parmi nos meilleurs souvenirs. Le temps était superbe et nous avions grande confiance.

Dès que les postes eurent été déterminés, on s'occupa du déjeuner. Nous avions apporté quelques vivres, et c'était plaisir de faire ainsi la soupe au milieu des bois. On allait chercher de l'eau à une petite fontaine au bas de Meudon. Les préparatifs du repas n'étaient pas longs; gamelles et marmites furent bientôt pleines.

Parmi les impressions que m'a laissées cette journée, une surtout est restée vivace dans mon esprit.

Je vois encore cette longue avenue sous bois, sillonnée de *lignards* qui allaient deux par deux chercher de l'eau, portant leurs bidons suspendus à un bâton. Rien de plus gai que ce tableau : sous le dôme de feuillage, les pantalons rouges et les capotes bleues se détachaient vivement. C'était une toile de Protais, dont les scènes changeaient sans cesse. Nous passâmes ainsi la journée sur pied, et tenus en éveil par les coups de fusil qu'échangeaient les avant-postes. Quelques-uns de nos mobiles, à la suite des zouaves, réussirent même à surprendre un groupe de Prussiens. Ceux-ci s'enfuirent, abandonnant sur le terrain casques et cartouches.

On ne cessait cependant de monter des canons sur le plateau, les troupes arrivaient. A l'aide de sacs à terre on suppléait aux travaux inachevés de la redoute.

Quand la nuit tomba, les Prussiens, qui de leur côté avaient amassé des troupes, occupaient tout le bois en face et à droite de nous. Une allée seulement séparait notre poste de leurs sentinelles avancées. Nous allions passer la nuit presque au milieu d'eux, et nous soupçonnions à peine leur présence.

J'étais chargé avec dix hommes de veiller sur la route qui conduit au Bas-Meudon à travers les bois : c'était l'extrême limite de notre ligne. Nous construisons à la hâte un gourbi en feuillage, étayé par quelques bûches, pour nous abriter de la fraîcheur pénétrante de la nuit. Notre citadelle, dissimulée derrière des branches, gardait la route. Pour nous garantir contre toute surprise, nous avions dressé avec des arbres abattus en travers du chemin, plusieurs barricades.

Cette première nuit passée en face de l'ennemi nous sembla longue ; on n'osait dérouler ses couvertures et il faisait froid. Notre vigilance excitée par l'approche du danger nous tint en éveil ; chacun avait son fusil sous la main. Aucun incident, du reste, ne nous révéla la présence des Prussiens qui veillaient auprès de nous.

Vers une heure, on nous relève. Nous pouvons enfin nous ranger autour d'un maigre feu sur lequel bouillaient les marmites. On préparait le café. La vue de cette braise discrète, qui pouvait à chaque instant nous trahir, ne suffisait guère à nous réchauffer. Les uns passèrent le reste de la nuit, étendus sur l'herbe humide, à côté de leurs armes ; les autres se promenaient. Enfin, à trois heures du matin, nous remontons sur le plateau; toutes les compagnies y étaient réunies. Le commandant nous fait ranger autour de lui et nous annonce qu'une grande bataille va se livrer, que nous allons recevoir le baptême du feu, et que nous devons servir de soutien à l'artillerie de l'aile gauche. Dire que les cœurs ne battaient pas plus vite à ces paroles, ce serait bien s'avancer; mais les hommes faisaient bonne contenance devant l'émotion.

On nous donne l'ordre de déposer nos sacs, au milieu du bois, à quelques centaines de mètres de la redoute. Nous roulons nos couvertures autour des épaules. Chacun se munit d'un morceau de pain, et l'on attend impatiemment l'heure du départ. Des recrues que nous avions reçues l'avant-veille devaient garder les sacs, beaucoup de ces jeunes gens préférèrent rester dans le rang, et plusieurs ne savait pas charger leur fusil.

A quatre heures nous nous mettons en marche, et nous traversons le bois en file indienne, au milieu des abattis d'arbres, pour aller prendre notre position de combat. Un grand silence remplaçait les causeries que les officiers avaient tant de peine à réprimer la veille. L'approche du danger nous avait subitement rendus sérieux.

Le bois de Clamart était littéralement peuplé de troupes. L'infanterie avait fait de grands feux qui produisaient au travers des feuilles un très-curieux effet. Quand nous eûmes dépassé la lisière, nous avions devant nous la route par laquelle les Prussiens devaient passer, et à notre droite les bois dans lesquels ils se cachaient.

19 septembre. — *Combat de Châtillon.*

— On nous fait immédiatement ranger en bataille, et le corps du général La Caussade, auquel nous avions été annexés, se met en route. Bientôt le soleil se leva sur nous : ce fut alors un admirable spectacle, dont le souvenir restera à jamais gravé dans la mémoire de ceux qui ont assisté aux préparatifs de la bataille. Vingt mille hommes s'avançaient d'une seule pièce, les canons de fusil scintillaient aux premiers rayons du jour. Devant nous, c'étaient les longs replis de l'infanterie disposée par files. Derrière nous, c'était la cavalerie ; un escadron d'anciens cent-gardes qui avaient conservé leur éblouissant costume se détachait sur l'horizon lumineux. Les cavaliers semblaient des géants dorés. Un silence majestueux régnait autour de nous, à peine interrompu par les commandements. « Sentez les coudes à droite », répétaient les officiers, et les longues files ondoyaient dans la plaine.

L'artillerie était déjà placée quand nous arrivâmes. Elle attendait un signal pour commencer le feu. Une de nos compagnies fut détachée vers la droite, les autres devaient protéger les pièces. A six heures précises, le jour était levé; mais un épais brouillard d'automne s'élevait de terre et arrêtait le regard. Les batteries reçurent cependant l'ordre de tirer, et pendant un quart d'heure elles ne cessèrent de couvrir d'obus les bois qui s'étendaient à 800 mètres environ devant nous.

Les Prussiens ne ripostent pas; rien n'annonce encore qu'ils soient si près de nous; sans doute ils ont été surpris par cette brusque attaque, et la brume ne leur permet pas de répondre.

Tout à coup des détonations éclatent en face de nous: ce sont les Prussiens que nos batteries ont inquiétés et qui se décident *à répondre*. En un instant l'artillerie ennemie, jusque-là silencieuse, engagea le feu avec une grande violence. Elle était abritée par les bois; à peine la fumée pouvait-elle trahir la position des pièces. Les boîtes à mitrailles et les balles arrivent à leur tour et le combat prend aussitôt les proportions d'une grande bataille. L'artillerie prussienne était très-forte, et les tirailleurs ennemis, qui ne nous voyaient pas, tiraient au hasard de la plaine.

Nos batteries étaient très-exposées, et en peu d'instants le vide se fit autour de nos canons, dont quelques-uns atteints par des obus se turent bientôt.

Nous devions occuper la ferme de Trivaux que les Prussiens avaient abandonnée. Le commandant du bataillon et notre capitaine s'élancèrent bravement en avant, sous une grêle de balles qui nous prenaient en écharpe. Nous les suivions au pas de course. Le sifflement des balles, le bruissement aigu des boulets qui passaient au milieu de nous ne nous effrayaient pas trop. A peine comprenions-nous le danger. Sans doute, quand une balle déchirait l'air trop près de leurs oreilles, les conscrits se jetaient à plat ventre ; mais on se relevait bien vite pour rejoindre les camarades. Nous parvînmes ainsi, sans grand souci de conserver nos rangs, jusqu'à la ferme. Deux hommes seulement avaient été blessés.

Les bâtiments que nous occupions étaient un abri sûr. Nous pouvions y tenir longtemps et résister à une violente attaque. Aussi nos hommes s'y étaient-ils littéralement empilés. Les toits étaient garnis de tirailleurs en vedette, et nous commencions à pratiquer des meurtrières dans les murs. Nous étions tous prêts à faire bonne contenance, si l'ennemi cherchait à nous débusquer de notre asile.

A peine ce premier mouvement offensif, dont l'honneur fut réservé à notre bataillon, eut-il été exécuté, que la scène changea au dehors. Placé à une fenêtre de la ferme, je pus saisir tous les détails du combat : chacune de ces phases est encore présente à ma pensée.

Les troupes qui étaient placées auprès de nous étaient restées en bataille ; mais on commençait déjà à les voir osciller. Les artilleurs, de plus en plus rares, ne lâchaient pas pied : après chaque décharge ils avançaient, et leur feu, quoique ralenti, répondait toujours à l'ennemi. Mais les Prussiens avaient concentré l'effort de leur puissante artillerie contre cette batterie qui leur avait fait tant de mal. Les obus pleuvaient autour d'elle, les boîtes à balles labouraient le sol devant les canons. L'infanterie, placée en seconde ligne et précisément derrière nos pièces, recevait les projectiles qui n'avaient pas atteint le but. Je voyais de mon poste les rangs se creuser. A chaque explosion la colonne chancelait ; chacun cependant reprenait sa place, et on serrait les coudes.

Partout des chevaux sans cavaliers couraient à travers la plaine ; d'autres, blessés, s'agitaient convulsivement sur la terre. Sous nos yeux, un commandant de gendarmerie fut coupé en deux sur sa selle ; le cheval s'enfuit emportant la moitié du corps du malheureux officier.

Nous ne nous étions pas encore rendu compte du péril, et notre attention curieuse, excitée par un spectacle si nouveau pour nous, fut un instant détournée de ces scènes douloureuses. Sur le champ de bataille, un superbe chien de chasse galopait, cherchant son maître. Le pauvre animal égaré, et sans doute fort étonné de ce vacarme inusité, se lançait à tous les vents au milieu de la mitraille ; nous le suivîmes longtemps des yeux. Les balles lancées trop haut ne l'atteignirent pas. Presque à côté de lui, un lièvre réveillé par le canon, et affolé de terreur, courait au milieu des rangs. En vain lui lançait-on des sabres et des fusils, ses crochets devaient le sauver. Il traversa victorieusement les colonnes françaises, et nous le vîmes à grand regret disparaître dans les bois.

A notre droite, l'action était sérieuse. Les escadrons se formaient, et devant nous les tirailleurs qu'on apercevait de loin dans la fumée avaient engagé un feu très-vif à la lisière du bois qui séparait les deux armées. Déjà nous voyions poindre dans le lointain de longues lignes noires qui se détachaient sur la brume : c'étaient les Prussiens. Alors il devint nécessaire de nous soustraire à un danger que nous n'avions pas soupçonné, et que les détonations d'obus, éclatant autour de notre asile, nous révélèrent bientôt. La ferme de Trivaux nous offrait bien un rempart contre les balles. Mais si un seul boulet l'avait atteinte, le bataillon tout entier aurait été anéanti. Ceux qu'auraient épargnés les éclats du projectile auraient certainement été écrasés sous les décombres. D'ailleurs, l'ennemi approchait. Les balles, plus nombreuses, écornaient le mur en plâtre qui nous protégeait, et à l'extrême gauche les troupes avaient commencé un mouvement de retraite.

La première compagnie, dont je fais ici plus particulièrement l'histoire, fut dirigée vers une grange isolée dans la plaine et qui devait nous permettre d'attendre à l'abri de nouveaux ordres. Il fallut reprendre notre course à travers la mitraille. Nous étions alors au centre même de l'action, et de ce point découvert il me fut facile de me rendre un compte exact des opérations de notre armée et des manœuvres prussiennes; tout autour de nous les obus éclataient soulevant une poussière rouge; nous voyions au-dessus de nos têtes les cercles légers de fumée blanche que l'explosion produisait. L'artillerie restait cependant à son poste. A ce moment on donna à la cavalerie l'ordre de charger. Ce fut un admirable coup d'œil. Les cent-gardes s'avançaient lentement au milieu de la plaine, les rangs s'étaient ouverts devant eux. On eût dit une masse d'acier et d'or qui se mouvait. Impassibles sous le feu qui redoublait, ils attendaient l'ordre de s'élancer sur l'infanterie ennemie, qui marchait toujours. Cet ordre ne devait pas venir.

Je ne veux point me permettre de critiquer le plan de bataille. Je n'en ai saisi que les détails, l'ensemble m'a échappé. Cependant il me paraît nécessaire d'expliquer pour quels motifs, à mon sens, le succès de la journée fut compromis dès le début. Je connaissais le terrain; nos tournées de grand'garde nous avaient initiés à toutes les positions que les troupes pouvaient occuper. Je crois donc pouvoir dire ce qui m'a frappé dans les manœuvres. Cette explication ne déguise point d'ailleurs un reproche adressé aux généraux qui nous dirigeaient ni aux soldats qui combattaient autour de nous. Écrivant seulement ce que j'ai vu, et notant mes observations au passage, je ne puis avoir la prétention de développer un plan de bataille.

Nos troupes occupaient, au centre, la plaine; à droite et à gauche, elles pouvaient se retrancher dans les bois. Une partie seulement de l'armée était par suite de cette disposition exposée au feu de l'ennemi.

Or l'aile gauche, soit que les ordres ne fussent pas arrivés à temps, soit qu'ils n'eussent pas été exécutés, se trouvait par sa position, dès le commencement du combat, fort compromise. Le bois qu'elle devait défendre était presque contigu celui où les Prussiens avaient passé la nuit. Abrité par le coteau de Plessis-Piquet que nous avions malheureusement abandonné, l'ennemi avait pu masser de grandes forces dans ces bois. Notre artillerie n'avait pas trouvé une place favorable pour appuyer le mouvement de l'aile gauche; elle devait être tournée. Les Prussiens ne manquèrent pas d'exécuter, cette fois encore, le mouvement, qui est presque le seul secret de leur stratégie. Négligeant notre droite, qui avait un asile sûr dans les bois de Clamart, ils avaient pointé leurs pièces de telle façon que l'espace laissé libre entre les bois était devenu inaccessible, et leur mouvement tournant s'effectuait ainsi presque sans qu'on pût le soupçonner. Peut-être aurait-on pu le prévoir. On s'en aperçut trop tard.

Un régiment de zouaves, composé de recrues qui n'avaient pas vu encore le feu, et qui croyaient que la vue de leur costume suffirait à jeter le désordre dans les rangs ennemis; des conscrits de la ligne, surpris par cette tactique si peu nouvelle cependant, lâchèrent pied immédiatement. Au lieu de profiter des accidents de terrain, des maisons, des arbres, si nombreux sur le plateau, pour résister à la marche de l'ennemi, les troupes de la gauche s'enfuirent en criant à la trahison. Je vis là des soldats jetant leurs armes et leurs sacs pour courir plus vite. Des compagnies entières entraînaient leurs officiers. Quelques-uns de ces derniers, après avoir épuisé les menaces, se séparaient de leurs pelotons. J'entends encore les apostrophes véhémentes d'un lieutenant de la ligne qui voyait s'enfuir ses hommes. Ce fut une panique presque générale.

En quelques instants, la plaine dont le coup d'œil était si imposant aux premières lueurs du jour, présenta le spectacle d'une hideuse déroute. Les régiments étaient devenus des troupeaux affolés par la peur.

Le général Ducrot, prévenu, fit sonner la retraite. Il n'était plus temps sans doute de faire rentrer les fuyards en ligne; mais au moins il fallait sauver les apparences, et couvrir du nom de retraite la plus ignoble lâcheté. Le général avait, pour l'honneur de ses soldats, pris la responsabilité du mouvement de recul.

En racontant cette scène honteuse, je n'ai point cédé à ce sentiment de mesquine jalousie qui est trop commun entre les différents corps de l'armée. Mon but n'était pas d'exalter la garde mobile en rabaissant ceux qui s'étaient enfuis devant elle. Je veux rendre justice entière à chacun. J'ai vu, depuis, la ligne et les zouaves au feu : je puis dire hautement qu'ils ont noblement réparé cette surprise du premier combat. D'ailleurs, ces troupes étaient essentiellement composées de recrues qui n'avaient jamais été au feu et que le général Vinoy avait ramenées avec lui.

Pour nous, masqués par la grange qui nous servait d'abri, nous n'avions pas compris cette débandade. On disait que c'était un mouvement. Il nous sembla au moins précipité. Le désordre croissant nous montra ce que c'était en réalité. Nous étions cependant à notre poste, le genou en terre, et regardant les escadrons de cavalerie qui étaient toujours là. Bientôt l'ordre de se replier fut transmis à notre bataillon : nous étions seuls à la gauche. Par un hasard providentiel, les boulets n'avaient pas atteint la masure derrière laquelle ma compagnie était placée.

Il fallut, pour rejoindre nos camarades, repasser sur ce terrain sillonné par les obus. Je ne dirai pas que nous marchions en ordre. Mais n'était-il pas permis de courir à ces recrues de la veille qui n'avaient pas reculé devant la mitraille ? Un d'entre nous fut effleuré par un boulet, qui lui fit de graves lésions.

Nous devions nous réunir et nous ranger sur la route de Châtillon; là le danger n'était pas moindre. La voie bordée d'arbres était enfilée par les tirailleurs ennemis. Leurs balles coupaient les branches sur nos têtes. Mais on n'avait plus peur. Une heure avait suffi à nous aguerrir. Au commandement habituel, chacun reprit sa place comme au champ de manœuvre. Le bataillon tout entier défilait au pas, sous le feu. Le général Ducrot, entouré de son état-major, se trouvait auprès de la route à notre passage. Il nous adressa ces quelques mots, dont le souvenir est resté au cœur de chacun de nous : « Très-bien, mes enfants, vous avez bravement reçu le baptême du feu ! »

Il était onze heures du matin. La panique était complète autour de nous. Nous rencontrions des compagnies qui fuyaient au hasard; les officiers n'étaient plus là pour les conduire. C'est au milieu de ce spectacle navrant que nous arrivâmes à la grange où nous étions cantonnés. Nous faisons halte; on nous distribue du biscuit: depuis la veille, nous n'avions rien pris. Cependant, quoique harassés de fatigue, nous pensions tous que le bataillon, après un instant de repos, allait remonter au plateau, pour défendre la redoute. Il n'en fut rien. Hélas! nous fûmes comme les autres entraînés dans la déroute. Les caissons d'artillerie, les voitures du train descendaient au grand galop la route de Paris. Il fallait suivre le torrent ou se laisser écraser. Nous dûmes abandonner les sacs, les archives, les munitions et trente jours de vivres.

Ce fut notre première douleur. Je ne puis me représenter cette scène sans qu'une angoisse me serre le cœur. Je vois encore cette route encombrée de fuyards et de blessés. C'était un désordre inexprimable. Tous les corps étaient mélangés; les chevaux passaient au galop au milieu des hommes; plusieurs furent écrasés ce jour-là. On croyait que les Prussiens nous poursuivaient. Notre bataillon eut grand'peine à rester uni; sans doute, la vue des brancards dégouttants de sang, sans doute aussi le spectacle de ce désastre causèrent une vive impression à nos recrues; mais le calme le plus absolu régna parmi nous jusqu'à la fin. Nous rentrâmes à Paris avant les fuyards; on avait fermé les portes devant eux. Épuisés de fatigue et noirs de poussière comme de vieux soldats, nous défilâmes ainsi sur les boulevards, jusqu'aux Invalides, où nous devions nous réunir.

Les recrues qui avaient été laissées à la garde des sacs les avaient abandonnés. Devant la déroute, la petite troupe s'était repliée comme nous. A l'appel, il manqua dix-sept ou dix-huit hommes. Qu'étaient-ils devenus? Nul n'a pu jusqu'ici le savoir. Trois avaient été blessés dans nos rangs.

Le lendemain, l'*Officiel*, dans son rapport militaire, parlant de notre bataillon et des Bretons qui nous avaient remplacés à la redoute, contenait cette laconique mention : « La garde mobile a montré de l'équilibre et du calme. » C'était à elle, suivant les journaux, que revint l'honneur de la journée. Notre rôle, sans doute, avait été modeste; nous aurions voulu faire davantage. Mais nous avions montré que nous pouvions tenir sous la mitraille et au milieu d'une déroute. Le bataillon est toujours resté digne de cet honorable début.

Le résultat de cette bataille, que l'énergie de quelques troupes placées à la droite rendit indécise jusqu'au soir, avait été la prise de Châtillon par les Prussiens.

Ceux-ci avaient éprouvé de grandes pertes, et, au dire des journaux étrangers, « combattirent plusieurs heures avec désavantage. » Mais leur flot devait, là encore, passer sur nous. La redoute que quelques canons défendaient à peine, et dont les sacs de terre étaient les seuls remparts, n'avait pu l'arrêter. Les tranchées ne suffisaient pas à abriter nos tirailleurs. Il fallut bien céder.

L'insistance de nos officiers avait été stérile. L'apathie des ingénieurs avait, sur ce point, paralysé nos efforts : la clef de la défense fut prise ce jour-là. Les lignes prussiennes, s'étendant de Versailles à la Marne et à la Seine, allaient former un cercle de fer autour de Paris; et chacun se demandait avec inquiétude si nous pourrions encore le briser.

Le même jour, le 6ᵉ bataillon de la Seine, dont l'histoire est liée à la nôtre, abandonnait Montretout, dont les remparts inachevés étaient impuissants à le protéger. L'ennemi occupa aussitôt les hauteurs qui dominent le fort d'Issy, de Vanves, de Montrouge, et commença ces gigantesques batteries qui lui permirent de bombarder les forts et l'enceinte. La route de Choisy à Versailles fut couverte de fascines par lesquelles les grosses pièces Krupp pouvaient monter sans bruit. Plusieurs étages de retranchements s'élevèrent sur les flancs du coteau. Une batterie placée au Moulin-de-Pierre était à mille mètres du fort de Vanves.

CHAPITRE II

LES ÉLECTIONS. NEUILLY. SORTIE DU 21 OCTOBRE

20 *septembre*. — Après une nuit de repos, le bataillon est réuni à la caserne de la Tour-Maubourg. On procède à l'élection des officiers. Les compagnies réélisent presque tous ceux qu'un décret leur avait donnés, faisant ainsi acte de sagesse et de patriotisme.

Ce principe de l'élection, introduit dans la garde mobile, fut une cause de rapide désorganisation pour plusieurs bataillons. Le 7ᵉ eut le mérite de comprendre quelles seraient les conséquences funestes de ce système nouveau, qui devait détruire l'autorité et la discipline. C'est à cette première et si heureuse inspiration que nous dûmes de conserver toujours notre unité et notre bonne tenue. La marque de confiance et d'estime donnée à leurs chefs par les hommes établissait entre eux un lien solide, que rien ne devait plus rompre.

Dès le lendemain, la presse socialiste, oubliant les éloges que, la veille encore, elle nous adressait, décernait à ces électeurs, qui avaient donné un si sage exemple, le titre de *traîtres* et d'*aristocrates*. Ces compliments excitèrent peu d'émotion dans nos rangs.

21 *septembre*. — Nous recevons l'ordre de partir pour Neuilly, où nous devons être cantonnés. Le général Ducrot a choisi notre bataillon pour être sa garde d'honneur. Il est installé chez le restaurateur Gillet; nous serons auprès de lui, logés dans les maisons qui bordent l'ancienne route de Neuilly et les rues transversales. Les compagnies occupent des locaux suffisants. La nôtre est campée dans le chantier d'un grand marchand de bois. Le propriétaire est obligé de se retirer devant cette invasion et nous cède sa maison. Les escouades font la cuisine dans le jardin et le combustible ne manque pas.

Dès le lendemain de notre arrivée, on nous ordonne de mettre en état de défense les abords de notre cantonnement. Nous serons en seconde ligne. Devant nous, l'infanterie a déjà fait des tranchées le long de la Seine. Courbevoie, qui commande l'entrée de Neuilly, est armé de grosses pièces de marine. Nos canons peuvent balayer la plaine jusqu'à Bezons et Rueil. En prévision d'une attaque de vive force, et quoique la tactique prussienne ait toujours reculé devant cette honorable manière de combattre, on a prescrit à toutes les troupes de fermer chaque issue. Des barricades artistement construites avec des pavés, interdisent l'entrée des rues du côté du fleuve; elles sont munies d'embrasures où deux pièces de campagne prendront place plus tard. Nous commençons de grands travaux. Des monceaux de pavés, de dalles arrachées aux trottoirs, s'élèvent de tous côtés. L'émulation nous fait faire des prodiges, et bientôt chaque rue est fermée par une barrière aussi colossale qu'inutile. Des meurtrières superposées, des étages soigneusement ménagés, doivent permettre de repousser l'ennemi, si par hasard il se présente.

Notre existence à Neuilly est monotone. C'est bien la vie du soldat en caserne. Plusieurs fois par semaine, à six heures du matin, le bataillon se rend sur la pelouse de Madrid; on manœuvre pendant deux heures et l'on revient déjeuner au cantonnement. Alors Neuilly recouvre une animation qui rappelle les meilleurs jours. Les cafés qui ont ouvert sont envahis ; ceux qui avaient été abandonnés rentrent bientôt en possession de leurs propriétaires. L'aspect de troupes si gaies rend la confiance aux habitants ; chaque jour, on voit quelques-uns des émigrés regagner ses pénates.

Mes camarades et moi nous nous sommes emparés de l'arrière-boutique d'un modeste traiteur. Grâce aux ressources nombreuses qu'offre Neuilly, nous pouvons nous offrir de vrais festins. Pendant les premiers jours de notre arrivée, l'équarrisseur du pays nous donne le filet des chevaux qu'il tue. Ces largesses cessent bientôt, car les vivres deviennent rares, et l'on parle déjà d'employer la plus noble conquête de l'homme à l'alimentation quotidienne des assiégés.

Les matinées d'automne sont fraîches, et pendant l'exercice du matin les doigts gèlent sur les fusils. Nous nous levons avant six heures, et chaque compagnie se rend sur le boulevard pour procéder à l'appel. Parfois le brouillard est si épais que le sergent-major peut à grand'peine distinguer le visage de celui qui répond : présent! On se réchauffe cependant en faisant l'école de tirailleurs et les manœuvres de peloton.

2 *octobre*. — Nous commençons les corvées de pommes de terre. Chaque compagnie délègue un certain nombre d'hommes munis d'outils et de *musettes;* des tombereaux les accompagnent. La troupe ainsi constituée se répand dans les champs abandonnés, autour du Mont-Valérien, et l'on pioche avec ardeur; les sacs se remplissent promptement. La récolte est toujours abondante et nous revenons le soir chargés de légumes, qui vont s'entasser dans un magasin spécial. Plusieurs d'entre nous, profitant de la liberté qui nous est d'abord laissée, vont jusqu'au pont de Bezons, où ils échangent des coups de fusil avec les postes prussiens qui sont de l'autre côté de la Seine. Deux de nos hommes furent blessés pendant ces imprudentes sorties. Un d'eux avait été atteint au cou; un sergent du bataillon, nommé Rabouan, alla le chercher sous les balles, et fut, pour son courageux dévouement, porté à l'ordre du bataillon. Nous apprîmes bientôt la mort du blessé. Le général, averti de ce double malheur, ordonna qu'à l'avenir un cordon de tirailleurs serait placé en avant des travailleurs. Cette bar-

rière suffit à arrêter l'audacieuse témérité de nos hommes.

Je profitai d'une de ces premières corvées pour aller en reconnaissance avec dix de nos camarades. C'était un dimanche et il faisait un temps superbe. Nous traversons d'abord Nanterre presque désert. Le clocher de l'église abandonnée était ouvert : nous y montons, cherchant à l'horizon quelque sentinelle prussienne ; mais elles étaient bien cachées et nous n'apercevons rien. Nous continuons notre route ; à la sortie du village, un habitant nous offre une affreuse piquette violette, et nous arrivons à Rueil. Les habitants y sont plus nombreux. Quinze cents sur six mille environ sont restés pour garder leurs pénates. Nous les interrogeons sur les positions occupées par l'ennemi. La route de Marly à Paris est, disent-ils, fermée à la hauteur de la Malmaison, par une barricade armée de deux pièces de canon. Le poste qui la gardait devait être, suivant les renseignements recueillis, peu nombreux. Mes camarades, n'écoutant que leur courage, voulaient l'enlever ; mais, fort heureusement pour nous, la prudence parla plus haut que la bravoure. Après avoir exactement reconnu les positions et les travaux de l'ennemi, nous revenons, rapportant suspendus à nos fusils des fruits et des légumes, hommage des habitants. Quelques bouteilles d'un excellent sauterne, empruntées à la cave du maire de Rueil, complétaient notre butin. Notre rapport, rédigé immédiatement et transmis au général, fut sans doute de quelque utilité pour les opérations qui allaient commencer.

8 *octobre*. — Le général Martenot, sous les ordres duquel nous venions d'être placés, conduit une importante reconnaissance vers la Malmaison. Deux compagnies de notre bataillon, des gardes mobiles de l'Ile-et-Vilaine et de l'Aisne devaient y prendre part.

Arrivés sur la place de l'Église, à Rueil, la colonne fait halte. Le mont Valérien donne le signal de l'attaque en lançant quelques obus en avant de Rueil. Plusieurs compagnies marchent sur la Malmaison où elles pénètrent par une brèche, les Prussiens n'y sont plus et le château est ouvert. Les tirailleurs poussent jusqu'à la Jonchère sans rencontrer l'ennemi ; à peine ont-ils l'occasion de tirer quelques coups de fusil. Les postes, prévenus et ne se sentant pas en force, nous avaient cédé la place. A la tombée de la nuit, nous rentrions à

Neuilly, rapportant comme trophées quelques sacs de légumes.

A notre gauche et dans le but d'appuyer l'opération, les éclaireurs de la garde nationale de la Seine, commandant de Ribeaux, s'étaient avancés dans la plaine de Gennevilliers et avaient poussé jusqu'aux bords de la Seine, où ils ne tardèrent pas à engager une vive fusillade avec l'ennemi embusqué sur l'autre rive, entre Bezons et Argenteuil. Cette attaque n'eut pas plus de résultats que la première ; elle nous apprit seulement que les Prussiens, massés à Marly et au Vésinet, n'avaient mis en avant pour garder la route et le fleuve que des postes isolés.

Après cette journée, nous rentrons dans notre calme habituel. Les manœuvres et les travaux intérieurs occupent nos loisirs. Si les obus lancés par le Mont-Valérien ne nous avaient de temps en temps rappelé que l'ennemi était proche, à peine aurions-nous pu croire que nous étions en guerre.

Bientôt nous commençons un service de grand'-gardes sur les bords de la Seine et dans l'île de la Grande-Jatte, au pont de Neuilly. Sans doute le Mont-Valérien est devant nous, et la formidable batterie de Courbevoie protége nos sentinelles ; mais on veut nous habituer aux veilles. Le repos et le calme auraient bien vite fait oublier les grand'gardes de Châtillon. Plusieurs fois par semaine, les compagnies vont camper autour d'un vieux château qui s'élève au milieu de l'île. On dresse les tentes et l'on fait de grands feux, car il n'y a guère d'autre ennemi à combattre que le froid, qui devient vif. Aussi les émotions y sont-elles rares et les rhumes fréquents. De deux en deux jours, l'infanterie de ligne vient nous relever.

Dans nos cantonnements, la vie ne change pas. Les légumes sont encore abondants, et, grâce à la découverte de grandes quantités de paille dans les carrières de Nanterre, nous pouvons renouveler notre literie.

Vers le milieu du mois d'octobre se place l'incendie du château de Saint-Cloud. Le feu avait été mis par les Prussiens pour faire disparaître les traces du pillage. Ce fut un spectacle aussi douloureux que grandiose. Des terrasses de Neuilly nous voyons le feu envahir la demeure de tant de princes. Les flammes éclairaient tout le coteau ; d'où se détachaient comme de noires aiguilles les peupliers du bord de l'eau. La ville, aujourd'hui détruite, s'illuminait à chaque gerbe de feu qui s'élançait des décombres. Nos cœurs, que la vue quotidienne des ruines n'avait pas encore endurcis, se serraient en présence de ce désastre. L'incendie dura trois jours.

21 octobre. — *Combat de la Jonchère.* — Dès le matin, on nous annonce qu'une vraie bataille va s'engager. Les troupes de ligne ont déjà défilé devant nous, l'artillerie est transportée à Courbevoie. Le bataillon doit partir à onze heures. On déjeune gaiement et chacun est bientôt prêt. Un beau soleil favorise encore notre sortie. C'était là le bon temps. Comme elle serait charmante, la guerre, si elle se faisait toujours ainsi. Les positions de chaque corps ont été indiquées et précisées à l'avance. Les ordres ont été expédiés à loisir, et l'on boit tranquillement du champagne au succès de la journée, en attendant le départ.

Je me rappelle un fait entre mille autres, qui donnera la mesure du patriotisme de nos jeunes troupes.

Il avait été décidé, le matin, qu'on laisserait à la garde des cantonnements et des cuisines un certain nombre d'hommes par compagnie. Le sergent-major, qui était chargé de ce soin, avait dans l'une d'elles choisi pour rester à Neuilly un tout jeune homme, engagé volontaire, de 17 ans. Ce dernier demanda à partir avec les autres, mais l'ordre était formel : plaintes et réclamations ne purent fléchir le sergent-major. Les pleurs même n'obtinrent pas davantage. Notre moblot pleurait à chaudes larmes quand le commandant vint à passer ; il demande la cause de ce désespoir, et notre homme dit aussitôt : — « Ce n'est pas pour faire la cuisine que je me suis engagé, c'est pour me battre avec les autres. »

— Tu viendras aussi, répond immédiatement le commandant, et notre troupe compta un brave de plus.

La colonne d'attaque est composée de trois groupes qui doivent opérer sur Rueil, Bougival et Longboyau. Nous formons l'extrême gauche sous les ordres du général Martenot, avec le sixième bataillon de la Seine qui s'est joint à nous, et devons être déployés en tirailleurs, dans les vignes qui s'étendent entre la route de Saint-Cloud et la Seine. A une heure, le Mont-Valérien commence le feu, et les pièces de campagne couvrent d'obus les bois de Buzenval et de la Jonchère. Dès le début du mouvement, la première compagnie de notre bataillon se porte en avant, et, après avoir dépassé la gare de Saint-Cloud, qui n'est pas occupée, elle arrive devant la redoute de Montretout, abandonnée depuis un mois par nos troupes. Un poste prussien, peu nombreux, qui était chargé de la défendre, s'enfuit après une courte fusillade. Aucun des nôtres ne fut atteint. La redoute n'a pas été considérée par l'ennemi comme une position solide, les travaux commencés n'ont pas été achevés par lui, aucun terrassement nouveau n'a été fait. Sans doute, le voisinage du Mont-Valérien inspire un grand respect à messieurs nos ennemis.

J'étais monté pendant ce temps vers Fouilleuse, et je pus me rendre compte du mouvement. Devant moi, l'action était très-vive. Les Prussiens avaient une forte artillerie dans les bois de Buzenval et répondaient énergiquement à nos batteries; les obus venaient tomber autour de nous. Cependant l'ennemi semblait avoir reculé sur tous les points, nos troupes s'étaient avancées fort loin dans les bois, et on parlait de faire donner les réserves. Quelques bataillons étaient déjà partis au pas de course. Seule, l'attaque dirigée sur Longboyau n'avait pas donné tous les résultats qu'on eût pu espérer; deux pièces de canon avaient dû être abandonnées, faute d'équipage pour les ramener. Mais l'ennemi avait essuyé de grandes pertes, nos pièces allant fouiller les bois où il était massé, et toutes ses positions avaient été reconnues.

A cinq heures, la nuit arrive avec l'ordre de rentrer, et nous rejoignons nos cantonnements, où la soupe nous attendait.

Cette retraite qui couronnait un véritable succès, fut un des plus fâcheux événements de la campagne.

Nous avons su depuis que les lignes prussiennes avaient été dépassées par nos zouaves, vainqueurs sans le savoir, et que la panique à son tour s'était emparée de nos ennemis. Ils n'avaient pas eu encore le temps de faire des travaux de terre, et n'ayant plus d'abri, ils avaient moins de courage. On dit même que le roi Guillaume, à Versailles, avait fait préparer sa valise et se disposait à fuir.

Toutefois, les préparatifs n'étaient pas faits pour une grande sortie. Le général Ducrot n'avait en vue que de reconnaître les positions prussiennes, et lui-même n'avait pu apprécier la valeur du succès obtenu. Le résultat, toutefois, lui avait prouvé qu'il pouvait compter sur ses jeunes troupes.

J'ouvre, aux derniers jours d'octobre, le chapitre des tristesses et des revers. Jusque-là, notre espoir était resté vivace; quelques insuccès partiels ne l'avaient pas abattu. Le ciel, d'ailleurs, par sa constance, semblait sourire à nos vœux. Comme il est vrai de dire que l'âme est un miroir fidèle où se reflètent les teintes extérieures; et la nature du soldat, qu'il m'a été permis d'analyser et de comprendre, est ainsi faite qu'un rien suffit à le soutenir, comme un rien parfois peut l'accabler. Fait-il beau, le cœur se dilate, la tristesse s'envole et l'espérance renaît. Fait-il laid, au contraire, la poitrine se resserre. Une pression douloureuse se produit sur tous les organes, et l'on est triste sans savoir pourquoi. De la tristesse au découragement le passage est rapide. Aux événements pénibles qui devaient se succéder pour nous les sombres journées de novembre allaient joindre leur lugubre cortége.

Au milieu de ces défaillances, l'émeute dressait déjà la tête. Elle attendait l'heure de la ruine pour planter son hideux drapeau.

Je me rappelle ces scènes dont Paris a été le théâtre depuis le 27 octobre, avec une profonde émotion. Cette page de ma pensée est remplie de si poignants souvenirs que j'éprouve à la transcrire une sorte d'angoisse. Mais elle touche de trop près à notre histoire intime pour que je ne lui laisse pas sa place.

Depuis plusieurs jours, certaines rumeurs, répandues dans la foule et accueillies avec empressement par les journaux révolutionnaires, annonçaient la capitulation de Metz. Personne cependant n'y croyait encore, d'ailleurs une attaque hardie dirigée sur le Bourget avait complétement réussi. Les bruits inquiétants avaient cédé devant cette bonne nouvelle.

Le 31 octobre nous apprit à la fois la reddition de Metz et la reprise du Bourget. Une sorte de panique s'empara de tout Paris. Quoique prévue, cette nouvelle fit sur tous les esprits une impression de terreur. Les premières atteintes du désespoir, précurseur de tous les grands désastres, se manifestaient dans Paris. Le terrain était bien préparé pour la guerre civile.

Déjà certains bataillons de la garde nationale avaient donné des signes plus apparents encore de cette indiscipline qui est le propre de son caractère. C'était sur elle que les meneurs allaient s'appuyer. J'étais venu à Paris dans l'après-midi, et je pus assister à quelques-unes des scènes qui ont marqué cette funeste journée. Je dirai en quelques mots ce que j'ai vu.

Vers trois heures, poussé par le reflux des curieux, j'étais arrivé sur la place de l'Hôtel-de-Ville. Une pluie fine et glacée avait fait ouvrir les parapluies. Devant le palais, les compagnies insurgées essayaient en vain de se ranger; le flot croissait sans cesse et le désordre avec lui. A chaque instant, des groupes nouveaux, s'abritant sous des drapeaux rouges que surmontait un bonnet phrygien, arrivaient sur la place. Aux fenêtres de la galerie étaient suspendues des grappes de voyous qui jetaient de petits carrés de papier. La populace hurlait : « Pas d'armistice ! La levée en masse ! La commune ! » Ces clameurs intermittentes succédaient en général à quelques discours prononcés par les nouveaux arrivants. Chaque chef de bataillon avait préparé un boniment qu'il débitait à pied ou à cheval. La stupide cohorte qui les suivait applaudissait sans entendre.

Autour de moi, on disait que le gouvernement

de la défense nationale venait d'être renversé par Blanqui, Félix Pyat et compagnie. Ces spéculateurs en émeute, qui, selon leur honorable habitude, demeuraient prudemment à l'écart, se faisaient proclamer gouvernement par une poignée d'ivrognes. Les Bellevillois, que le gouvernement avait fait armer de chassepots avant nous, étaient descendus en foule pour mettre à la porte des hommes qui n'avaient pas eu pour eux assez de sourires et de faiblesses. Les listes de leurs successeurs circulaient de main en main. Sur les bornes, on les annonçait à haute voix. De temps en temps, les voisins du lecteur acclamaient un nom plus populaire, et la foule applaudissait de confiance. Victor Hugo, qui attendait le moment du succès ou de la fuite pour se prononcer, était sur presque toutes les listes. Dorian était bon premier. Ceux des insurgés qui avaient pu pénétrer dans les cours ou les salles de l'Hôtel de Ville dévoraient les provisions de la troupe. Voilà ce que j'ai vu de l'émeute.

Je sortis de cette bagarre avec un sentiment de profond dégoût. Quoi ! Paris et la France avec lui étaient-ils donc à la merci de quelques insurgés stupides et lâches, qui, à l'heure des revers, ne songeaient qu'à des places! Quoi! le bon sens et l'honnêteté publics étaient-ils donc à ce point oubliés que le peuple supportât un instant ces ridicules parodies de 48. Devant ces ignobles manifestations, la population n'avait su trouver d'autre attitude que celle d'une parfaite indifférence.

Hélas! tandis que l'ennemi nous étreignait de toutes parts, tandis que les espérances du dehors s'évanouissaient, les prétendus défenseurs de Paris paradaient avec des fleurs aux boutonnières et musique en tête, comme aux jours de fête. Durant quelques heures, notre sort fut aux mains de ces misérables : Bismarck avait enfin trouvé son dernier allié. Je rentrai navré à Neuilly et me disant : Paris est perdu.

Vers huit heures du soir, le général Ducrot envoya à ses troupes l'ordre de se tenir prêtes à marcher sur Paris. Nous restâmes ainsi jusqu'à minuit, en rangs sur l'avenue du Roule, attendant le signal du départ. A la nouvelle de la délivrance du général Trochu, il nous fut permis de rentrer.

On sait quelle fut l'issue de cette échauffourée. Quelques-uns de ces bandits furent arrêtés, mais aucun ne fut fusillé; ce fut là sans doute l'origine de nos revers. La faiblesse appelle l'émeute.

Dès le lendemain, la population parisienne était appelée à donner un vote de confiance au gouvernement de la Défense nationale. C'est ici que commence le rôle politique de la garde mobile. Il avait été décidé, et c'était justice, que toute l'armée concourrait au vote. Les soldats qui défendaient la ville n'avaient-ils pas, aussi bien que les habitants, le droit de manifester leurs sympathies et surtout d'exprimer hautement leur union avec le pouvoir? Chaque bataillon devait voter dans son cantonnement.

Le 2 novembre, le scrutin s'ouvrit. Les compagnies défilèrent devant l'urne, c'était du moins le nom officiel de la marmite en fer-blanc qui en remplissait l'emploi. Le résultat du vote fut 914 oui contre 26 non.

Les élections municipales suivirent de près le vote politique et entretinrent pendant plusieurs jours parmi nous une certaine agitation. Notre commandant, toujours dévoué aux intérêts du bataillon, avait demandé qu'il fût permis aux gardes mobiles d'aller voter à Paris. Cette démarche et le résultat obtenu avaient été fort bien accueillis de nos hommes, surtout de ceux qui y voyaient l'occasion recherchée d'une promenade dans la ville si souvent fermée. Des réunions préparatoires s'organisèrent. Des orateurs souvent habiles, des candidats rarement sérieux, des électeurs toujours convaincus, rien n'y manquait.

Le 7ᵉ bataillon, recruté pour une grande part dans le 7ᵉ arrondissement, avait eu la pensée de choisir dans son sein un candidat pour le représenter dans la municipalité. Aussi les partis s'agitèrent, les professions de foi se produisirent, où perçaient plutôt des préoccupations politiques que le souci des intérêts municipaux du quartier. Quelques-uns d'entre nous avaient même été chargés de correspondre avec les comités qui s'étaient formés à Paris; mais le placement de nos candidats sembla difficile, et il fut décidé enfin que notre bataillon soutiendrait la liste du comité de l'arrondissement. Le jour du vote fut un jour de congé : chacun alla voter individuellement.

On me qualifiera peut-être de réactionnaire, mais je ne puis m'empêcher d'ouvrir une parenthèse pour y déplorer ce précédent. Placé au milieu d'une jeune troupe composée des meilleurs éléments et capable des plus constants efforts, j'ai jugé par moi-même de l'effet produit par cette mesure. Je ne crois pas que la discipline militaire soit compatible avec la liberté de discussion. Il est malheureusement certain qu'une des grandes causes de nos revers a été l'affaiblissement de la discipline dans nos rangs. L'ennemi nous a cruellement prouvé que le courage personnel et l'ardeur ne suppléaient pas à cette force invincible que crée dans un corps l'obéissance passive du soldat.

Nos hommes possédaient les meilleures qualités ; l'énergie et l'audace ne leur faisaient jamais défaut ; leur abnégation, soumise aux plus rudes épreuves, ne s'est jamais démentie. Mais s'ils étaient d'une bravoure incontestée à l'heure du danger, dans le courant de la vie militaire, on ne remarquait pas en eux cette cohésion, cette direction qui sont les fruits de la discipline. Beaucoup même, dont le patriotisme était hors de doute, se refusaient à être traités en soldats; chez eux, l'esprit civil perçait toujours sous la capote ; ils n'avaient pas compris que, s'ils composaient une milice nationale, ils devaient être, par devoir, plus soumis encore aux rudes exigences de la discipline. Cette faveur qui leur avait été accordée les avait confirmés encore dans leur prétention. Donner aux troupes le droit de discuter leurs officiers en faisant d'eux des candidats, c'est, j'ai pu m'en convaincre bientôt moi-même, compromettre gravement la bonne et sévère harmonie qui doit régner dans un corps ; c'est altérer sinon détruire la déférence si nécessaire du subordonné envers son supérieur. C'est faire des hommes les juges de leurs chefs. Aussi, dussé-je être accusé d'être peu libéral, je ne voudrais pas que le soldat eût le droit de vote ; il faut, comme on l'a dit à la tribune, enlever son fusil à l'électeur et son vote au soldat.

Au milieu de ces scènes de la politique, et tandis que l'écho des discussions de la tribune s'éteignait à peine, une autre distraction moins dangereuse vint occuper nos loisirs. L'esprit d'invention, dont le soldat français est si heureusement pourvu, ne chôme jamais ; quelques-uns avaient eu l'idée de monter un théâtre. Le local fut facile à trouver. L'asile de Neuilly avait été abandonné et nous servait d'ambulance. Une salle fut consacrée à cet usage profane. La décoration était simple et de bon goût. Quelques décors, une rampe ingénieusement disposée, et des lustres où brûlaient pompeusement une douzaine de bougies, des bancs et des chaises. Tous ces détails concouraient à donner à la scène improvisée une tournure pittoresque. Certains théâtres de province auraient été certainement jaloux de ce que les moblots parisiens avaient créé.

Un artiste dramatique, sorti de nos rangs, s'était institué directeur, un autre s'était fait chef d'orchestre et tenait le piano. Nous passâmes là deux bonnes soirées. Le spectacle était des plus variés, nos artistes ne reculant devant aucun genre, n'étant arrêtés, en vrais soldats qu'ils étaient, par aucune difficulté. Aussi les chansonnettes, les romances, les opérettes, les grands morceaux d'opéras aux majestueuses roulades servaient successivement à charmer les oreilles et à exciter les applaudissements frénétiques ou les fous rires des 200 spectateurs du théâtre de Neuilly. Succès ou fours contribuaient également à égayer l'auditoire. J'ajoute qu'à chacune de ces représentations, des artistes de Paris étaient venus prêter à notre troupe le concours de leur talent.

Ces deux soirées marquèrent le terme de nos loisirs et aussi de nos plaisirs. Dès les premiers jours de novembre, des avis de la Place nous avaient fait pressentir qu'il faudrait bientôt quitter le paradis où nous étions depuis si lontemps, et si bien installés. D'ailleurs, les opérations extérieures allaient, dit-on, commencer et nous n'étions pas fâchés d'être mêlés à une lutte plus active. Le 9 novembre au soir, arriva l'ordre de nous transporter à Bobigny, nos antipodes. Nous devions être partis le lendemain, à sept heures du matin.

Nos préparatifs n'étaient pas une petite affaire : si nous étions arrivés de Châtillon sans bagages, le séjour de Neuilly avait amplement réparé ces pertes. Grâce au voisinage de Paris, grâce aussi aux ressources de la ville que nous allions quitter, chacun de nous avait grandement accru le matériel de campagne. Les habitudes de bien-être et de confortable que les grand'gardes de Sceaux avaient fait oublier nous avaient derechef envahis. Les sacs renouvelés étaient insuffisants à contenir les divers objets de luxe qui remplaçaient les fournitures, qualifiées par l'administration prodigue grand et petit équipements. Il nous fallut des voitures, et en grand nombre. Neuf chariots de déménagement contenaient les paillasses des compagnies. Les fourrages, les provisions de légumes, les munitions, étaient entassés sur des tombereaux et des fourgons.

10 *novembre*. — Il pleut à torrents; les paillasses sont mouillées. Avant le départ, on a grand'peine à faire entrer dans les voitures les *impedimenta* variés qui doivent nous suivre, et dont chaque marche nouvelle nous allégera sensiblement. Je n'ai jamais mieux compris la spirituelle justesse du nom que le génie romain avait donné aux bagages de guerre.

Enfin, on parvient à se mettre en marche. Le 7ᵉ bataillon, précédé du 6ᵉ, traverse presque tout Paris. Après mille détours dans les méandres de Belleville, nous arrivons enfin à la porte de Romainville, célèbre jadis par ses fêtes et ses bosquets... *Campos ubi Troja fuit.* Une côte rapide et peu favorable à la descente de nos bagages nous conduit, après une grande heure de marche, au village de Bobigny.

CHAPITRE III

BOBIGNY. — LES GRAND'GARDES. — PANTIN.
MONTREUIL.

Bobigny, 11 novembre. — Quel contraste avec Neuilly. Quels désastres! Quelques ruines s'offrent à nos yeux peu habitués encore à d'aussi navrants spectacles! Le village entier a été brûlé ou miné. Les maisons sont éventrées, et les charpentes noircies sortent des murs, étendant leurs grands bras nus qui ne soutiennent plus rien. Les toits effondrés gisent à terre. Ah! comme il est vrai de dire que les choses inanimées meurent aussi; ce village est mort, il n'en reste que le squelette hideux. Ce que le feu a épargné n'a pu résister à la poudre. L'église dévastée est ouverte à tous les vents, la pluie y pénètre par un trou béant dans la voûte. Les décombres sont mêlés à la cendre. Dans une cave auprès de l'église, le feu couve depuis trois semaines, la voûte chancelante sur laquelle on se hasarde est brûlante, et les parois du gouffre sont rongées; on eût dit une des portes de l'enfer. A peine, dans tout le village, deux maisons sont restées debout, non pas intactes, mais capables au moins de prêter un abri contre le vent et la pluie. Les meubles ont été enlevés et vendus. Une personne très-digne de foi m'a raconté à quel commerce aussi ignoble que lucratif s'étaient livrés les possesseurs de Bobigny. Ce que j'ai vu moi-même a largement confirmé ces explications. Le même fait s'est d'ailleurs reproduit dans plusieurs villages aussi désolés.

Quelques jours avant l'investissement, et sous le coup d'une véritable terreur, les habitants des communes suburbaines avaient fui leurs propriétés, abandonnant pour la plupart leurs meubles. Une vaste exploitation s'organisa pour épargner à ces malheureux propriétaires la douleur de voir ces objets enlevés par les Prussiens. Des misérables se mêlaient aux bandes de francs-tireurs, et souvent en prenaient le costume. Ils pénétraient ainsi dans les maisons, emportaient tout ce qu'elles pouvaient renfermer encore et allaient le vendre à Paris. Et les officiers des compagnies franches fermaient les yeux sur cet odieux trafic.

On allait même plus loin encore : ainsi, pendant notre séjour à Bobigny, les francs-tireurs qui l'habitaient et qui l'avaient réduit en cendres, avaient été faire une reconnaissance vers Drancy ; ils étaient entrés dans l'église, l'avaient entièrement dépouillée et avaient ramené leur butin sur des charrettes. Ces scandales répétés trop souvent éveillèrent enfin l'autorité supérieure, et une enquête fut ordonnée. On m'a dit que ces incendies avaient été provoqués par des ordres. Je n'en sais rien, et je n'ai pu le croire. Quel intérêt à détruire tout un village? Était-ce parce qu'on craignait que les Prussiens n'y trouvassent un abri? Mais Bobigny était sous le feu des forts de Romainville, d'Aubervilliers et de Noisy. Nos ennemis étaient trop prudents pour se hasarder autant. Ils se sont toujours tenus à une respectueuse distance de nos batteries.

Peut-être était-ce là une application nouvelle de ce système inauguré au commencement de la guerre, et qui consistait à détruire tous les ponts par lesquels on pouvait supposer que les Prussiens passeraient. On sait que ces précautions ont été vaines; en quelques heures, leurs pontonniers reliaient avec des bateaux et des poutres les rives du fleuve. Toutefois, ces inutiles dévastations sont restées pour moi un problème ; je laisse aux historiens de l'avenir et aux tribunaux d'aujourd'hui le soin de le résoudre. Il faut que l'on sache quelle pensée a semé tant de décombres autour de Paris.

La ruine, toutefois, n'était pas générale ; à droite de la route qui conduit de Bobigny à Drancy, quelques maisons avaient échappé à l'incendie et au pillage. Le huitième bataillon les occupait depuis un mois et les avait protégées.

Il fallut loger dans ces ruines et abriter contre la pluie qui ne cessait de tomber plus d'un millier d'hommes. Ce fut une rude besogne. Des compagnies entières s'étaient réfugiées dans une grange dont le toit était à demi effondré. D'autres occupaient des caves. D'autres enfin étaient campées dans des chambres que le plancher du premier étage séparait du ciel, le toit ayant été rejoindre le sol. Enfin comme chaque compagnie devait être de piquet à son tour, on lui avait assigné l'église pour résidence. C'était fort pittoresque sans doute, mais ce n'était rien moins que chaud.

Le bois, heureusement, ne manquait pas ; on

brûlait les poutres déjà carbonisées, et à l'aide de grands feux allumés dans les rares cheminées qui avaient survécu, nous parvenions à lutter contre la température prématurément rigoureuse. Au milieu de l'église, on établissait chaque nuit d'énormes brasiers ; les hommes s'étendaient autour, enveloppés dans leurs couvertures.

Le service des grand'gardes était pénible. Trois bataillons, les 6e, 7e et 8e de la Seine étaient seuls chargés de veiller sur des positions importantes, situées à quelques centaines de mètres des lignes ennemies. Il était facile de voir de nos postes les sentinelles prussiennes qui gardaient le Bourget, et il ne se passait pas de jours où nos hommes n'échangeassent avec elles quelques coups de fusil.

Notre bataillon devait spécialement protéger la route de Bondy, depuis son intersection avec la route de Drancy jusqu'à l'extrémité du village. Quelques masures situées sur le bord de la route servaient d'asile à nos grand'gardes. Nous passâmes ainsi quatre jours à Bobigny, au milieu de la boue et presque privés de vivres frais. Les chemins étaient devenus impraticables à cause des pluies et nous étions fort loin de la ville.

Aussi des corvées s'étaient organisées pour recueillir dans les champs voisins quelques pommes de terre oubliées dans la boue par les maraudeurs et les choux qu'ils n'avaient pu emporter. C'était un supplément au frugal repas que l'intendance prodigue fournissait aux troupes.

Ces promenades d'ailleurs n'étaient point sans danger. Un de mes camarades, officier au bataillon, et dont le nom est célèbre dans les fastes diplomatiques, s'était avancé avec quelques hommes du côté du Bourget; il fut bien vite aperçu par les sentinelles ennemies, et un groupe de uhlans se lança dans la plaine pour les tourner. Il fallut battre précipitamment en retraite; quelques minutes plus tard, ils étaient pris. Un de nos hommes perdit son revolver dans cette affaire. C'est ainsi qu'un navire en péril s'allége en jetant ses bagages à la mer.

Telle était notre existence à Bobigny, partagée entre les veilles et les exercices du tir. Ceux qui n'étaient pas de grand'garde n'avaient cependant pas le droit de se reposer. Trois cents hommes par jour, fournis par chaque bataillon, travaillaient à creuser des tranchées en avant des premières maisons du village. Les Prussiens avaient un parc d'artillerie considérable à Blanc-Mesnil, et ils occupaient le Bourget. Une agression de leur part était possible ; il fallait se trouver en mesure de les arrêter. Ces travaux était fort pénibles ; le sol gras et détrempé résistait aux efforts de nos recrues, peu accoutumées aux terrassements. Aussi chaque soir retrouvait-on avec plaisir sa couchette garnie de paille humide et son modeste abri.

Mais la nuit est rarement tranquille aux avant-postes. Les alertes se succèdent. Nos sentinelles, que le voisinage des Prussiens rendaient défiantes, s'émeuvent du moindre bruit, et à plusieurs reprises on nous fait prendre les armes. Le plus souvent l'heure s'écoulait sans que le danger se fût révélé ; le Prussien ne se montrait pas, et l'on rentrait. Une autre cause rendait aussi ces alertes fréquentes. Nous partagions l'honneur de défendre Bobigny avec un corps d'éclaireurs à cheval. Ces messieurs jusqu'alors n'avaient guère fait autre chose que de brûler les villages. Mais, pour ne pas laisser s'égarer une réputation qui commençait à grandir, ils partaient chaque nuit en reconnaissance, tiraient force coups de fusil, exterminaient chaque fois un nombre illimité de Prussiens, et rentraient traînant le butin des villages voisins. Quelques malheureuses sentinelles prussiennes surprises derrière Drancy, tel était en général le résultat de ces combats imaginaires.

Nous n'avions passé que trois jours à Bobigny, et déjà la santé de nos hommes, que les délices de Neuilly avaient rendue plus délicate encore, commençait à s'altérer. Notre commandant, qui venait d'être nommé colonel des bataillons réunis à Bobigny s'en émut vivement. Après maintes instances auprès de l'amiral Saisset, sa sollicitude bien connue fut enfin récompensée ; il fut décidé que les mobiles iraient s'établir à Pantin ; Bobigny étant suffisamment gardé par les éclaireurs et par le fort de Romainville. Une nouvelle alerte, suscitée par le zèle de nos voisins, fit hâter le départ, et l'on gagna ainsi une nuit.

Pantin, 14 novembre. — Les bataillons sont bientôt réunis, et, comme la route n'est pas longue, dès le soir nous nous installons dans les maisons situées à droite de la Grande Rue, depuis l'enceinte jusqu'aux barricades qui ferment l'entrée. Les hommes, fatigués par les grand'gardes, prennent un peu de repos. Notre séjour dans des maisons en ruines, et sous une pluie incessante, nous fait vivement apprécier l'utilité des toits.

L'invention de cet ornement a une grande part dans nos meilleurs souvenirs.

Le lendemain de notre arrivée, on affiche une proclamation. Les dernières lignes semblent peu faites pour ranimer nos courages. Le général Trochu écrivait :

« Je vous ai dit la vérité telle que je la vois. J'ai voulu montrer que notre devoir était de regarder en face nos difficultés et nos périls, de les aborder sans trouble, de nous cramponner à toutes les formes de la résistance et de la lutte. Si nous triomphons, nous aurons bien mérité de la patrie, en donnant un grand exemple. Si nous succombons, nous aurons légué à la Prusse, qui aura remplacé le premier empire dans les fastes sanglants de la conquête et de la violence, avec une œuvre impossible à réaliser, un héritage de malédictions et de haines, sous lequel elle succombera à son tour. »

C'était une triste consolation que de nous venger de nos revers présents en rabaissant nos anciennes victoires. Le soldat que le succès anime ne raisonne pas si bien, et les phrases cadencées ne le touchent guère. Si nous réveillions parfois les souvenirs du premier empire, c'était pour nous rappeler seulement qu'il avait écrasé la Prusse.

Cependant une bonne nouvelle efface bien vite ces premiers symptômes de découragement. On apprend que le gouvernement a reçu de Tours d'excellentes dépêches : « L'armée de la Loire est victorieuse ; Orléans est repris par nous ; le général von der Thann et la division prussienne ont été refoulés au delà de Toury. » La confiance renaît bien vite. N'est-il pas vrai que si la tristesse s'empare rapidement des âmes, un rayon de soleil suffit pour l'en chasser ?

Pendant la courte trêve dans les opérations militaires, qui suit notre arrivée à Pantin, on s'occupe activement de réorganiser les corps et de les compléter. Un décret appelle à l'activité les gardes mobiles de la classe de 1870, et on nous joint trois bataillons de Bretons, qui, avec les 6ᵉ 7ᵉ et 8ᵉ de la Seine, formeront une brigade sous les ordres du colonel Valette.

Notre nouveau colonel est un ancien chef de bataillon de ligne. Plein de cœur et d'énergie, il avait fait la campagne d'Italie et s'y était fait remarquer par sa brillante conduite. On l'avait arraché à sa retraite pour lui donner le 3ᵉ régiment provisoire de la garde mobile.

Le séjour de Pantin nous offre, avec de plus

longs loisirs, le spectacle d'une animation extraordinaire. Depuis quelque temps, les portes de Paris sont ouvertes à tous, et, chaque matin, une nuée innombrable de maraudeurs s'en échappe pour se répandre dans les champs voisins. Rien n'égale l'audace de ces spéculateurs, gens que la soif du gain pousse jusque dans les lignes prussiennes. Ils vont au milieu des sentinelles ennemies cueillir des choux et des betteraves, qu'ils revendent fort cher aux Parisiens moins téméraires. Le flegme allemand ne s'accommoda pas longtemps de ces indiscrètes promenades, et après maintes sommations infructueuses, la patience de l'ennemi se lassa. Les officiers reçurent l'ordre d'accueillir cette invasion nouvelle à coups de fusil, et chaque jour on ramenait dans des voitures de nombreuses victimes. Le gouverneur, averti, fit de nouveau fermer les portes.

Un homme avait été grièvement blessé dans une de ces expéditions ; notre major partit à cheval, en brandissant le drapeau de Genève, pour aller le réclamer. Il franchit facilement les lignes prussiennes, et fut reçu par un jeune officier Bavarois d'une exquise politesse et d'une tenue fort soignée, qui lui offrit des cigares, lui donna des nouvelles de Paris, et enfin accéda à sa demande.

17 novembre. — Le repos a été court. Nous allons rentrer en pleine activité.

Nous recevons l'ordre de partir au plus vite, pour céder la place à une nouvelle brigade composée des mobiles de l'Hérault et de l'Ile-et-Vilaine.

Les trois bataillons de la Seine sont dirigés en avant de Montreuil, qu'ils doivent défendre. Le sixième occupe le château de Montereau, magnifique habitation à droite du fort de Rosny et dont il ne reste plus que les quatre murs. Le septième est installé à Rosny avec le huitième, et s'abrite dans les maisons voisines de l'église. C'est là que l'intendance vient les rejoindre.

La position que notre bataillon doit garder est particulièrement périlleuse. Le village, situé en contre-bas du fort, est dominé par un plateau élevé que les Prussiens occupent et qui leur permettrait de nous surprendre. Aussi le service des grand'gardes est-il spécialement surveillé.

Chaque matin, un officier supérieur part visiter les postes à la pointe du jour. Nos lignes s'étendent jusqu'à mi-côte du plateau d'Avron, sur des carrières à plâtre considérables, et il se passe peu de nuits où les sentinelles n'échangent quelques coups de fusil.

J'étais logé avec le colonel dans une petite villa de Montreuil, et la vie y était fort douce. Les propriétaires de la maison étaient restés et nous prodiguaient leurs bons soins. C'était tout à fait la garnison, et les travaux d'organisation intérieure prenaient seuls notre temps. Le général de division d'Hugues, auquel nous venions d'être attachés, s'occupait activement de ces détails. Quelques excursions dans les environs, et surtout à Vincennes, où étaient les restaurants et les bureaux, constituaient tout le service et complétaient pour moi l'emploi de la journée.

La route de Montreuil à Rosny est sillonnée à toute heure de nombreuses bandes qui vont chercher pâture dans les cabarets encore ouverts. C'est une lieue et demie qu'il faut faire matin et soir, mais Rosny est absolument dépourvu de vivres, et que ne ferait-on pas, quand on est soldat, pour un bon repas.

Dans une de nos promenades aux environs, nous découvrons dans une maison abandonnée un vieux piano; il est accordé tant bien que mal, et, grâce à lui notre maison retentit sans cesse des plus joyeux refrains. C'est un si grand plaisir, lorsqu'on a changé de vie, de retrouver, ne fût-ce qu'un instant, avec les airs aimés, tous les joyeux souvenirs qu'ils expriment ou rappellent ! Nous parlons même d'organiser un grand concert, et nul doute qu'il n'eût eu le plus grand succès si les événements l'avaient permis.

CHAPITRE IV

LE PLATEAU D'AVRON. — CHAMPIGNY.

27 *novembre.* — *Occupation du plateau d'Avron.* — Une grande bataille est imminente, des mouvements considérables de troupes ont lieu de tous côtés. Nous avons vu passer une nombreuse artillerie ; elle va s'installer auprès de Rosny ou sur le plateau.

On ferme les portes : c'est le signal d'une sortie, et la méthode employée par nos généraux pour avertir les Prussiens qu'ils aient à se préparer au combat. A Paris trois proclamations sont affichées ; celle du général Ducrot, qui commandait en chef la deuxième armée, excite un grand enthousiasme. Elle restera parmi les pages les plus intéressantes de notre histoire, et, comme elle nous était adressée, je la reproduis ici :

Sodats de l'armée de Paris,

Le moment est venu de rompre le cercle de fer qui nous enserre depuis trop longtemps, et menace de nous étouffer dans une lente et douloureuse agonie. A vous est dévolu l'honneur de tenter cette grande entreprise : vous vous en montrerez dignes, j'en ai la certitude.

Sans doute vos débuts seront difficiles, nous aurons à surmonter de sérieux obstacles ; il faut les envisager avec calme et résolution, sans exagération, comme sans faiblesse.

La vérité, la voici. Dès nos premiers pas, touchant nos avant-postes, nous trouverons d'implacables ennemis, rendus audacieux et confiants par de trop nombreux succès. Il y aura donc là à faire un vigoureux effort, mais il n'est pas au-dessus de vos forces. Pour préparer votre action, la prévoyance de celui qui nous commande en chef a accumulé plus de 400 bouches à feu, dont les deux tiers au moins, du plus gros calibre ; aucun obstacle matériel ne saurait y résister, et, pour vous élancer dans cette trouée, vous serez 150,000, tous bien armés, bien équipés, abondamment pourvus de munitions, et, j'en ai l'espoir, tous animés d'une ardeur irrésistible.

Vainqueurs dans cette première période de la lutte, votre succès est assuré, car l'ennemi a envoyé sur les bords de la Loire ses plus nombreux et ses meilleurs soldats; les efforts héroïques et heureux de nos frères les y retiennent.

« Courage donc et confiance ! Songez que, dans cette lutte suprême, nous combattrons pour notre honneur, pour notre liberté, pour le salut de notre chère et malheureuse patrie, et si ce mobile n'est pas suffisant pour enflammer vos cœurs, pensez à vos champs dévastés, à vos familles ruinées, à vos sœurs, à vos femmes, à vos mères désolées.

« Puisse cette pensée vous faire partager la soif de vengeance, la sourde rage qui m'animent, et vous inspirer le mépris du danger.

« Pour moi, j'y suis bien résolu, j'en fais le serment devant vous, devant la nation tout entière : je ne rentrerai dans Paris que mort ou victorieux ; vous pourrez me voir tomber, mais vous ne me verrez pas reculer. Alors ne vous arrêtez pas, mais vengez-moi.

« En avant donc ! En avant et que Dieu nous protège ! »

Cette énergique proclamation produisit le meilleur effet sur les troupes. Nous faisions alors partie, depuis notre arrivée à Montreuil, avec un bataillon de chasseurs à pied, un bataillon du 35ᵉ de ligne et trois bataillons d'infanterie de marine, de la division d'Hugues. Le soir du 27, l'ordre nous arriva d'abandonner nos cantonnements en toute hâte, pour aller occuper le plateau d'Avron, qui devait être la clef de l'importante opération du lendemain.

Nous partons la nuit, sans bagages. Il fait une obscurité profonde et les chemins sont glissants.

Enfin, après une marche d'environ trois heures, nous arrivons sur le plateau que les grand'gardes prussiennes avaient évacué à notre approche. Il avait plu une grande partie de la journée, et la terre argileuse, piétinée par douze mille hommes, n'était plus qu'un immense bourbier où nous enfoncions à chaque pas. Le chemin était étroit et bordé d'échalas ; il fallait marcher presque un par un. Cette méthode est, dit-on, très-goûtée par les Indiens, mais appliquée à douze mille hommes, elle était défectueuse ; aussi on comprendra que nous ayons été trois heures pour faire deux kilomètres. Je ne connais d'ailleurs rien de plus fatigant que ces marches sur place. Notre colonne, comme un immense serpent, se traînait au milieu de la terre délayée. Enfin la tête s'arrêta, et l'on fit circuler de bouche en bouche l'ordre de s'établir à l'endroit, inconnu de tous, où nous étions échoués. Il fallait que chacun restât dans la trace de son dernier pas. Le sommet du plateau étant littéralement hérissé de piquets pointus qui soutiennent les vignes, les hommes étaient condamnés à l'immobilité tant que la nuit devait durer; ils s'assirent sur leurs sacs, et ne pouvant ni fumer, ni dormir, ils causaient à voix basse.

Les officiers ne pouvaient davantage s'éloigner de leurs compagnies, qu'ils n'eussent pas retrouvée. L'état-major s'était établi dans une petite cahute de potier, ouverte à tous les vents. Chacun de nous venait s'y reposer à tour de rôle, et pour quelques minutes, sur des choux pourris et des tuyaux de drainage qui jouaient assez mal le rôle de tapis et de matelas. Aussi cette nuit nous sembla longue; il fallait à chaque instant abandonner ce modeste abri pour surveiller les postes qui avaient été placés presque au hasard. Vers deux heures du matin, un froid pénétrant succéda à l'humidité de la veille; mais il avait été défendu de faire du feu pour ne pas révéler notre nombre aux Prussiens, et les couvertures mouillées n'offraient pas un rempart efficace contre la bise glacée. Aussi serait-il téméraire à moi d'évaluer le nombre des rhumes qui sont nés pendant cette nuit-là.

A sept heures du matin le jour parut enfin, et

à peine avions-nous pu reconnaître nos positions, qu'une furieuse canonnade éclata tout à coup autour de nous. C'était le prélude imposant des opérations qui ont duré jusqu'au 2 décembre, et auxquelles j'ai pu assister en spectateur. Toutefois avant de décrire ce que j'ai vu, je crois utile de déterminer les points que nous occupions; pour se rendre compte d'un ensemble d'engagements, il est nécessaire d'en connaître d'abord le théâtre.

Le plateau d'Avron sur lequel nous sommes installés, et que la guerre va rendre presque célèbre, est une sorte de promontoire qui s'étend en avant du fort de Rosny, et qui n'en est séparé que par l'étroite gorge au milieu de laquelle passe la grande rue du village, lorsqu'on se rend de l'église à la station. Le plateau est fertile et cultivé; au milieu des champs s'élèvent çà et là quelques villas en plâtras, chéries du boutiquier parisien qui se rend chaque dimanche à *sa campagne*. D'une longueur de deux kilomètres sur une largeur presque égale vers le milieu, le plateau est entièrement miné. D'énormes carrières à plâtre ont été creusées dans ses flancs : il semble supporté par les piliers des voûtes.

La position géographique d'Avron est facile à préciser. Le plateau s'élève d'une part au-dessus des plaines de la Marne, et d'autre part s'appuie aux bois du Raincy.

A notre droite, si nous tournions le dos à Paris, nous avions Neuilly-Plaisance, Ville-Evrard, Villiers, Brie-sur-Marne et Champigny; en face de nous la Maison-Blanche, Chelles, tête des lignes prussiennes, et Montfermeil. A notre gauche, c'étaient Villemomble, le Raincy, Gagny et plus loin, dans la plaine, Bondy.

On voit que cette situation du plateau en faisait un point stratégique de la plus grande importance et indispensable au succès des opérations projetées, puisqu'il commandait le passage de la Marne, et que, s'avançant comme un coin dans les lignes prussiennes, il tenait en respect leurs avant-postes. C'était, dans le cercle d'investissement tracé par les Prussiens, comme une saillie. Il avait encore l'avantage de rendre très-difficile pour nos ennemis l'arrivée de leurs renforts, puisque d'une part il les détournait de leur route directe, et qu'en outre il permettait de les couper. Les convois prussiens étaient contraints de passer par derrière Chelles, ce qui les retardait d'une manière très-sensible. C'était donc là, au point de vue de la défense comme de l'attaque, une des positions les plus avantageuses de tout le périmètre de nos avant-postes.

Notre division avait été renforcée d'une brigade de marins sous les ordres de l'amiral Saisset, et d'une batterie d'artilleurs volontaires sous le commandant Pothier. On avait monté à grand'peine et presque à bras, par la route escarpée de Neuilly-Plaisance, la grosse artillerie qui devait nous servir. C'étaient des pièces de marine du plus gros calibre, des canons de 12 et un grand nombre de pièces de 7 nouvelles, se chargeant par la culasse. On sait que la portée de ces pièces égale celle des plus fortes, l'allongement du projectile permettant d'employer de fortes charges et des obus très-lourds.

Les batteries étaient disposées comme il suit : en tête du plateau, en face de Chelles, sur une pointe qui figurait assez bien l'éperon d'une frégate, et à laquelle nous avions donné le nom de cet engin, étaient les pièces marines. On leur avait, à grand renfort de gabions et de terre, préparé des embrasures. Un cordon de canons mobiles, de plusieurs calibres, couronnait la crête boisée qui s'étend dans le sens de la Marne. Ces préparatifs avaient été faits très-rapidement pour appuyer le mouvement qui devait avoir lieu sur les hauteurs en face de nous. Les artilleurs et les marins étaient cantonnés autour de leurs pièces; ils avaient construit des huttes en branchages qui, jetées çà et là dans le bois, offraient un très-curieux coup d'œil.

L'opération projetée n'eut pas lieu le 28, nos troupes n'ayant pu passer la Marne à cause d'une crue imprévue qui avait empêché l'établissement des ponts de bateaux. Les ingénieurs, comptant sur la force des remorqueurs qui remontaient ordinairement la rivière, n'avaient pas pris de mesures contre la crue, et les bateaux ne purent être amenés au point où le passage devait s'effectuer. Les troupes de l'armée de Ducrot et de la division d'Exéa passèrent la nuit sur les bords de la Marne, tandis qu'on s'occupait activement de suppléer à l'insuffisance des remorqueurs.

Les mauvaises langues ont bien dit que les retards tenaient à une autre cause plus grave. D'après leur version, les ingénieurs chargés du travail ne se seraient pas assez pressés, et quand il fallut amener les ponts, on s'aperçut qu'ils étaient trop courts. Je ne veux point choisir entre ces deux explications ; ces événements sont déjà si loin de nous qu'il serait maladroit de réveiller les critiques endormies. D'ailleurs, le système de la *crue* était officiel, et c'est lui que je dois prendre. Le génie français, civil ou militaire, a bien d'autres fautes à se reprocher, sans que je vienne lui jeter une aussi grosse pierre. Sans doute l'avenir nous révélera la vérité jusqu'ici cachée.

Ce retard funeste fut certainement la cause de notre échec à Champigny. Les Prussiens, avertis par les préparatifs des ponts du mouvement qui se préparait, eurent le temps de masser des troupes sur les hauteurs. Si nous n'avions pas perdu un temps précieux en expériences et si l'opération avait réussi dès le matin du 28, il est probable qu'ils auraient été surpris et écrasés. Les succès de la journée du lendemain, alors que leurs réserves avaient été déjà renforcées, prouvent bien que nous aurions pu enfin réussir à percer leurs lignes. La *trouée*, mot magique qui a soutenu pendant quatre mois les courages de plus de deux millions d'âmes, eût pu être faite ce jour-là. Mais, qu'il me soit permis de le dire, sans m'inscrire en faux cependant contre un sentiment généreux, eussions-nous, le 2 décembre, rompu le cercle de fer qui nous oppressait, il se serait reformé derrière nous, et notre armée, sans bagages, sans vivres, n'aurait pu rejoindre à travers les campagnes dévastées déjà nos frères de province. Tout ce que nous pouvions espérer de l'opération et des tentatives qui la précedèrent ou la suivirent, c'était de fatiguer l'ennemi par des attaques incessantes et lasser sa patience par des coups précipités. Les Prussiens, dont le succès seul soutenait le courage tranquille, n'eussent pas résisté à des échecs répétés. La discipline elle-même, si puissante qu'elle fût, et les coup de bâton, si fréquents qu'ils pussent être, ne les auraient pas toujours retenus dans le rang. J'ai entendu souvent exprimer par des officiers généraux d'une grande expérience l'opinion que je reproduis ici.

L'attaque avait donc été suspendue du côté de la Marne, mais elle avait réussi sur les autres parties de l'enceinte. Des masses considérables de troupes avaient descendu les pentes qui se trouvent au delà des forts de Bicêtre et d'Ivry, et aidées des canonnières de la Seine, des formidables batteries de Villejuif et de l'excellente artillerie de campagne que l'industrie privée avait improvisée, elles enlevèrent les positions de l'Hay, Chevilly, Choisy-le-Roi et Bagneux. Ces points avaient été fortifiés par les Prussiens : leur retraite faisait donc espérer une victoire. Du côté de la Marne, si l'armée n'avait pu agir, cependant le terrain se préparait pour elle. Les forts et les batteries de notre plateau avaient eu seuls la parole pendant la journée, et couvraient d'obus les villages où les Prussiens étaient retranchés. Cette méthode de déblayer par avance le champ de bataille, empruntée par nous à l'ennemi, aurait pu, si nous l'avions toujours employée, nous donner d'autres succès.

Nous profitâmes de la trève pour reconnaître le plateau que nous devions défendre. Dans le désordre d'une occupation nocturne, les compagnies, entassées dans un espace restreint, étaient confondues. Chacune eut son poste de combat. Les grand'-gardes furent posées, et nous étions prêts le soir à repousser un assaut, si l'ennemi, fatigué de la canonnade, se hasardait à nous attaquer. De nouvelles pièces montaient sans cesse sur le plateau. Plusieurs furent posées en face du Raincy ou l'on savait que l'armée saxonne était réunie en grandes masses. Quelques troncs d'arbre et un épaulement élevé à la hâte, étaient pour elles un abri suffisant.

30 *novembre.—Bataille de Villiers-sur-Marne.*
— Dès l'aube, la fusillade éclate de toutes parts. Les Prussiens, tenus en respect par notre artillerie, avaient renoncé à défendre la Marne; les ponts avaient été établis, et l'armée du général Ducrot put enfin passer. Nos batteries et celles des forts, auxquelles était venue se joindre une locomotive blindée, armée d'une pièce de gros calibre, ne cessent pas leur feu. L'ordre a été donné de tirer à toute volée sur les positions où les Prussiens ont accumulé des troupes. Chaque obus, tombant dans la masse, devait porter.

Du point où j'étais placé, dominant tout le champ de bataille, je pus saisir l'ensemble du combat. Si la distance m'empêchait de remarquer tous les détails de l'action, il m'a été cependant possible de suivre chaque mouvement de troupes sur l'immense panorama qui se déroulait sous nos pieds comme un plan en relief. Le flux et le reflux de la fumée blanche qui marquait nos lignes indiquaient d'une manière certaine la marche de nos soldats. Le crépitement continu de la fusillade, suivant qu'il s'éloignait ou se rapprochait, exprimait les phases diverses de la lutte.

L'artillerie de campagne, sous les ordres du général Frébault, avait encore concouru d'une manière efficace à protéger le passage. Grâce à elle l'armée s'empara rapidement de Brie-sur-Marne, et pendant qu'une forte colonne marchait sur Bonneuil, dans la presqu'île de la Marne, les zouaves enlevaient à la baïonnette Villiers et Champigny. Noisy-le-Grand fut sérieusement menacé. Mais à chaque pas un nouvel obstacle surgissait devant nos héroïques combattants, à chaque pas s'ouvrait une nouvelle tranchée à conquérir. La fusillade continua dans les bois jusqu'au soir ; nous en suivions les progrès, trop lents au gré de nos désirs.

On ne s'est pas, ce me semble, rendu un compte bien exact des difficultés de l'entreprise, et ceux qui font de la stratégie en chambre n'ont pas manqué, au lendemain de la retraite, de critiquer les mesures prises par les généraux et de diminuer le mérite des soldats.

Sans doute il est vrai de dire avec Napoléon Ier que : « Peu d'hommes sont capables de commander une armée de cent cinquante mille hommes, » et l'on pourrait appliquer ces mots au général Trochu dont le génie n'a pas été à la hauteur des obstacles qu'il devait vaincre. Mais de là à l'accuser d'incapacité, de là à répéter ici ce qu'on a dit au lendemain de Champigny, il doit y avoir, pour celui qui juge, toute la distance qui sépare un jugement sévère d'une critique envieuse et systématique. C'est ce que je voudrais faire comprendre, pour l'honneur de tous ceux qui ont combattu devant Paris. Le mot de trahison n'était-il pas sur toutes les lèvres, et bien rares étaient ceux-là qui ont su résister toujours à ce fatal esprit de dénigrement dont la garde nationale était l'expression constante. Expliquer quelles barrières presque infranchissables nos troupes ont rencontrées devant elles, dans cette attaque, ce sera rendre à notre vaillante armée de Paris sa part de gloire et d'honneur. Les réparations, si tardives qu'elles soient, sont dues surtout au courage malheureux. C'est un devoir en même temps qu'un acte de justice, pour ceux qui ont assisté à ces luttes, de rectifier les faits dénaturés par une critique hostile. Heureux si je puis, en racontant ce que j'ai vu ou appris de source certaine, réfuter quelques-unes de ces erreurs répandues à dessein dans le peuple par les misérables qui complotaient la ruine du pays.

Le côté de l'Est, sur lequel devait porter l'effort principal de l'armée, avait été fortifié par les Prussiens d'une manière formidable. C'était la route de l'Allemagne, Chelles servant de tête aux lignes de chemin de fer occupées et exploitées par les Prussiens. C'était par cette voie qu'ils se procuraient des munitions et des vivres. Ils avaient, en outre, réuni dans les environs de grandes réserves d'artillerie. On comprend donc quels travaux de défense ils avaient dû exécuter sur tous ces points si importants pour eux. L'abandon de ces positions eût été pour l'armée allemande le signal d'une déroute générale; privée de ses communications avec l'Allemagne, elle eût été gravement compromise. Aussi dès que le projet d'attaque leur fut révélé par les préparatifs que nous avions faits, les Prussiens avaient-ils fait affluer sur ces positions de grands renforts de troupes et d'artillerie.

Nos troupes eurent donc les plus grands obstacles à surmonter. Les tranchées avaient été multipliées, les arbres des bois qu'il fallait traverser étaient réunis par des fils de fer à peu de distance du sol. Chaque village était un camp retranché, chaque maison une forteresse, chaque mur était crénelé et percé de meurtrières, chaque élévation de terrain avait été couronnée de canons, et des travaux de terre considérables en protégeaient les approches. La science militaire avait épuisé toutes ses ressources pour rendre la position inabordable. Ce fut une lutte terrible dans les rues et dans les bois.

On conçoit aisément que, malgré l'ardeur des troupes, il y ait eu dans cette journée des alternatives de succès et de revers. Il fallait enlever chaque mur à un ennemi invisible et abrité, et l'artillerie ne pouvait toujours arriver assez près pour battre en brèche. La gelée, en outre, avait durci la terre; le travail des tranchées était pénible, et le génie avait grand'peine à préparer des épaulements pour les batteries. Toutes ces difficultés réunies rendaient la lutte très-incertaine, et nul ne pourra méconnaître la valeur des troupes qui ont cependant réussi à vaincre.

Je voyais dans les bois le feu des pièces éclatant par intervalles, et suivant la direction du panache de fumée qui s'élevait il était facile de juger des positions respectives. C'était une perpétuelle ondulation sur la ligne de feux, mais nos batteries gagnaient cependant, et la fusillade des tirailleurs semblait se rapprocher sans cesse de la crête où étaient les pièces prussiennes. De temps en temps les mitrailleuses déchiraient l'air. Les locomotives blindées qui circulaient sur la voie du chemin de fer de l'Est avançaient et reculaient en lâchant des bordées.

Toutes les troupes avaient été engagées, et vers le soir, quoique l'attaque du général Vinoy au sud-est ne dut être qu'une feinte, il fut nécessaire de faire donner les réserves. Le général d'Exéa passa la Marne, et grâce à ce secours nos troupes purent conserver leurs positions et y coucher. L'ennemi s'était replié, nous laissant deux canons et abandonnant sur place ses blessés et ses morts. C'était la première fois, depuis le commencement de la guerre, qu'un fait semblable se produisait. Jusqu'alors les Prussiens, afin que leurs pertes ne pussent être appréciées, enlevaient précipitamment les cadavres. Cette dérogation à des habitudes connues était d'un bon augure : pour la première fois l'ennemi avouait sa défaite, je dirai plus, il la signait lui-même.

Cette appréciation du combat de Brie-sur-Marne

n'est point téméraire, et j'ai lu dans le *Times*, dont les chroniques militaires n'étaient pas suspectes de partialité à notre égard, quelques lignes qui la confirment de tout point. On aime à trouver dans la bouche d'un ennemi l'éloge mérité, et je crois ne pouvoir mieux faire que de les rapporter ici[1] :

« Dans ces engagements, les Français avaient déployé une bravoure incontestable et beaucoup de solidité. Ce n'étaient plus là les soldats qui s'étaient enfuis le 19 septembre, et quoique inférieurs à leurs adversaires allemands exaltés par leurs succès continuels, ils avaient bien combattu et bien manœuvré.

« La puissance et la portée de leur artillerie de campagne (des pièces de 12 rayées pendant le siége) avaient particulièrement surpris leurs adversaires, et il était évident que le gouverneur de Paris avait su faire sortir de Paris, au lieu de masses d'hommes tumultueuses, une armée bien disciplinée et capable de sérieux efforts.

« Les Français, le 30 novembre, n'avaient pas atteint les lignes des assiégeants ; ils avaient seulement gagné des postes avancés d'où ils pouvaient se grouper pour une attaque en force. Cependant,

1. V. M. Roger Allou. *La Campagne de 1870*, traduit du *Times*.

comme leur position devenait ainsi menaçante, leur succès était réel quoique incomplet. Il est difficile de dire ce que le résultat aurait pu être si Ducrot, sacrifiant tout à l'idée dominante d'une sortie, avait appelé ses réserves pendant la nuit, et, s'avançant de Brie sur Champigny, s'était efforcé le lendemain d'enlever les retranchements allemands. Il aurait pu certainement engager quatre hommes contre un, et il aurait commencé avec quelques avantages. Ceux même qui apprécient le mieux les obstacles qu'il aurait eu à surmonter croient, en définitive, qu'il aurait pu réussir. »

On conçoit combien ce jugement a de valeur, sous la plume du chroniqueur qui n'a eu, pour baser son appréciation, que les rapports officiels allemands ; et ceux-ci, on le sait, ne brillaient pas toujours par une scrupuleuse sincérité.

La nuit qui vint ainsi que celle qui l'avait précédée furent cruelles pour le soldat épuisé par toute une journée de combat. Le ciel étincelait d'étoiles, et la gelée, compagne des nuits sereines, sévissait avec rigueur. Le général Ducrot, à l'heure du départ, avait donné l'ordre de restreindre les bagages et de remplacer les sacs par des munitions. La mince couverture de laine ne pouvait guère protéger le soldat du contact de la terre glacée et des rudes caresses du vent du nord ; beaucoup même n'en avaient pas.

De l'autre côté du plateau, l'action moins importante avait cependant suivi son cours. La brigade Lavoignet, accrue des bataillons de l'Hérault et de Saône-et-Loire, avait occupé Drancy et poussé jusqu'à Groslay. Je ne parle pas des autres points sur lesquels l'armée avait pu se porter, et je reviens à notre bataillon dont le rôle avait été jusqu'ici absolument passif.

Le plateau que nous devions défendre n'est pas, comme j'ai dit plus haut, absolument découvert. Il formait autrefois une vaste terrasse boisée qui couronnait la crête, sous le nom de parc de Beau-Séjour ; au centre s'élevait jadis un grand château dont il ne reste plus de traces. A peine voit-on encore un contre-fort des vieux murs de clôture. Les bois ont disparu en partie, remplacés par des champs fertiles ; il n'en subsiste plus aujourd'hui qu'au sommet du plateau, à la partie la plus étroite. Les troupes de ligne et les marins s'y étaient installés à l'abri des murs.

C'était un fort curieux spectacle que celui de ces tentes élevées entre des arbres et couvertes de branchages ; les marmites supportées par des pieux en croix complétaient le tableau. En peu de jours le taillis, jadis touffu, se trouva singulièrement éclairci. Les hommes avaient élevé des retranchements avec des troncs d'arbres coupés, et un cordon de sentinelles en protégeait les abords. Les officiers étaient logés dans quelques maisons disséminées au milieu du bois.

Au point culminant du plateau, c'est-à-dire sur la route qui descend dans Villemonble, j'ai dit qu'il y avait une modeste agglomération, pompeusement appelée Beau-Séjour, et que constituaient quelques villas en plâtre semées dans la plaine. Je n'en veux parler, d'ailleurs, que pour mémoire, les obus prussiens ayant complétement rasé ces maisonnettes. C'était derrière les murs qui séparaient ces petites propriétés que nos bataillons avaient été placés. Chaque compagnie occupait un carré ; elles étaient ainsi défendues aussi bien des balles prussiennes que de la brise. Il fut permis, la seconde nuit, de faire du feu. Les hommes étaient roulés dans leurs couvertures autour des brasiers, qu'alimentaient les échalas des vignes voisines. Chacun d'eux se levait à son tour pour renouveler la provision. D'ailleurs ils ne se contentèrent pas longtemps de ce bivouac primitif, dont l'effet certain est qu'on est à moitié rôti et à moitié gelé. L'imagination n'était jamais en défaut chez eux ; dès le lendemain de l'arrivée, leur curiosité, qu'avait aiguisée une nuit passée en plein air, les poussait à se répandre dans les environs pour y chercher fortune.

C'est là un sentiment particulier au soldat Français et qu'il endosse avec la capote. Il le partage d'ailleurs avec les fourmis.

A peine un bataillon est-il installé dans un nouveau cantonnement, on voit les hommes s'éparpillant aux alentours, seuls ou par groupes suivant leurs projets. J'ai remarqué maintes fois les mêmes allures chez les ingénieux animaux auxquels je comparais nos camarades. Dès qu'on transporte une fourmilière d'un lieu à un autre, on voit aussitôt les fourmis inquiètes se dispersant dans toutes les directions, pour amener les matériaux qui serviront à donner asile aux pénates exilés.

Comme elles, nos hommes revenaient de leurs excursions rapportant une table, une soupière, une chaise, et maints ustensiles du même genre. Le bataillon se transporta ainsi à Villemonble, dont nous n'étions séparés que par le cimetière, et que les Prussiens occupaient en partie. De là, sans souci des balles qui sifflaient aux oreilles, ils avaient monté bientôt des planches et quelques matelas, à l'aide desquels ils purent braver le froid et le contact glacé du sol. La soupe n'était pas cependant négligée : ils avaient fait une ample moisson de choux de Bruxelles, qui sont, je crois, la culture ordinaire du pays, car on en voyait des champs entiers ; et le festin du soir, grâce au concours de ce légume, parut meilleur. Il fallait bien suppléer à ces bons repas que l'on faisait dans les cabarets de Montreuil et de Rosny.

Je passai les trois premières nuits avec le lieutenant-colonel dans la modeste cahute où nous avions, dès l'arrivée, trouvé un précaire asile. Je crois qu'il est difficile d'imaginer une installation moins confortable. Asphyxiés par la fumée quand nous voulions faire du feu dans la cheminée crevassée, gelés, au contraire, quand nous nous écartions du foyer, nous fûmes réduits à nous asseoir, pour ne pas être suffoqués, sur un matelas découvert à Villemonble. Le local ne nous permettait pas de nous coucher, et la fumée ne nous laissait pas davantage nous tenir debout. Notre cuisinier était resté à Montreuil, et je pré-

préparais dans une gamelle notre modeste repas, composé de conserves de viandes et de choux de Bruxelles. Le menu et la façon n'eussent pas été désapprouvés par un Spartiate de la vieille roche. Quelques officiers, dont le dénûment égalait le nôtre, se joignaient parfois à nous; chacun apportait son plat. Ces détails culinaires étant connus, et je n'ai pas dû les négliger, car il est de principe que la bonne soupe fait le bon soldat, je reviens aux opérations militaires dont je fus le témoin plus que l'acteur.

La journée du 1er décembre se passa dans un calme absolu. Les troupes, épuisées par le combat de la veille, avaient grand besoin de repos. Le sommeil de la nuit, par un froid très-vif et en face de l'ennemi, n'avait pas dû réparer leurs forces. D'ailleurs, sur le terrain conquis par nous, il y avait encore beaucoup de blessés français et prussiens qui attendaient des secours depuis la veille. L'ennemi, comme on sait, avait abandonné ses morts, et tandis que les ambulances relevaient ceux qui avaient résisté à leurs blessures et au froid, nos soldats, aidés des Frères de la doctrine chrétienne, enterraient les cadavres. Vers le soir, il y eut même une suspension d'armes régulière de deux heures. Les Prussiens, qui avaient des renforts à amener bien plutôt que des blessés à recueillir, l'avaient demandée. Grâce à cette trêve, il leur fut loisible de faire affluer de grosses masses sur le point que nous devions attaquer. Cette odieuse tactique devait être, hélas ! couronnée de succès. La générosité française était toujours dupe de la mauvaise foi prussienne.

2 décembre. — *Bataille de Champigny.* — A 7 heures, nous sommes réveillés par le canon prussien. Nos hommes se tiennent prêts à une attaque, qui paraissait imminente. J'allai me rendre compte par moi-même des mouvements.

Aux premières lueurs du jour, nos pièces avaient commencé leur feu ; elles ne devaient pas l'interrompre de toute la journée. Des munitions considérables montaient sans cesse sur le plateau.

L'objectif était alors les hauteurs de Villiers-sur-Marne, de Champigny, que nos troupes attaquaient, et Chelles par lequel passaient les renforts prussiens. Nous avions à la tête du plateau une grosse pièce de 32 : elle fut pointée sur une colonne ennemie qu'on apercevait dans la plaine à une grande distance, entre Chelles et Montfermeil. L'obus ne dut pas tomber loin, car on vit aussitôt les hommes, semblables à des insectes noirs, se débander et se réfugier dans les bois environnants. Au bout de quelques instants, et après une seconde décharge, il n'en restait plus un seul en vue. Nos mitrailleuses trouvèrent aussi leur emploi; une d'entre elles était abritée par un pli de terrain. Un détachement de cavaliers s'étant hasardé le long de la Marne, pour inquiéter nos troupes, fut fauché en un instant. Nous eûmes même à nos pieds le spectacle d'une chasse intéressante. Quelques Prussiens, venant de Ville-Évrard, s'étaient cachés dans un cimetière qui dépend de Brie-sur-Marne et le gardaient; surpris par nos soldats, ils s'enfuirent en laissant deux ou trois morts sur le chemin.

Vers onze heures du matin, l'ennemi démasqua ses batteries situées de l'autre côté de la Marne. Elles avaient sans doute pour but d'éteindre le feu de nos pièces, qui avaient fait tant de mal aux Prussiens. Mais la tentative ne devait pas être heureuse, car les artilleurs avaient compté sans la distance. Leurs obus ne parvenaient pas jusqu'à nous; ils tombaient en bas du plateau. Nous voyions à nos pieds la poussière que soulevaient leurs éclats inoffensifs. Cet essai n'eut pas d'autre résultat, quoique les pièces n'aient pas cessé de nous menacer. Je cite ce détail pour montrer que notre artillerie n'était pas aussi mauvaise qu'on avait pu le dire. A ceux qui croient encore que nos canons ne pouvaient lutter avec ceux de l'ennemi, je répéterai que nos pièces de sept, toutes neuves encore et à peine éprouvées, portaient bien au delà des batteries qui tentaient inutilement de nous répondre. Si on n'a pas su, plus tard, tirer parti de ces canons improvisés, au moins n'accusons pas les pièces elles-mêmes.

Protégé par notre artillerie, si bien employée, le mouvement s'accentuait. Dès le matin, nos troupes avaient été réveillées par l'ennemi qui avait réuni de nouvelles forces. Voici ce qui s'était passé ; j'ai recueilli tous les détails que je rapporte ici d'un des principaux acteurs de ce drame, et puisqu'il faut que la lumière se fasse sur les efforts malheureux de notre vaillante armée, il est nécessaire de publier toutes les pièces qui pourront servir à ce grand procès national ouvert devant l'histoire.

Depuis l'avant-veille, comme j'ai dit plus haut, nous étions restés sur les mêmes positions. Cette immobilité devait être fatale à une partie de nos troupes. Les avant-postes, sur une partie de nos lignes, étaient gardés par les mobiles de la Côte-d'Or. Les hommes ne furent pas sur pied assez tôt, et ils dormaient encore quand les réserves prussiennes se précipitèrent sur eux. Ce fut une scène affreuse. L'ennemi coupait les attaches des tentes et éventrait les malheureux ainsi emprisonnés. Les trois bataillons furent décimés en quelques instants et presque sans résistance. Le lieutenant-colonel de Grancey et deux chefs de bataillon furent tués dès les premiers coups de fusil, et au moment où ils essayaient de rallier leurs hommes. Cette surprise aurait pu être, sans le secours des zouaves qui arrivèrent bientôt, le signal d'une déroute complète.

Sur un autre point, il y avait eu aussi une surprise du même genre. En avant de Champigny, sur un point que nos colonnes n'avaient pas abordé, se trouvait une maison percée de meurtrières. Elle avait été, lors de la première attaque, abandonnée par l'ennemi. Nos généraux ne crurent pas utile de la faire occuper. Pendant la nuit, les Prussiens avertis revinrent un à un dans la maison et s'y fortifièrent. De telle sorte que, lorsque le feu commença, nos troupes arrêtées par un obstacle inattendu, qu'il fallut enlever, hésitèrent un instant. Ce fut une regrettable perte de temps. Malgré ce fâcheux début, les hommes recouvrèrent bientôt leur assurance, et l'avantage nous resta encore.

C'est alors qu'eut lieu un mouvement des plus heureux et qui, de l'aveu même des Prussiens, leur causa des pertes énormes. Nos colonnes reçoivent tout à coup l'ordre de reculer; les Allemands les poursuivaient, quand le feu de nos batteries un instant suspendu les foudroya. En vain, disent des témoins de cette affaire, les Allemands poussèrent en avant avec des cris de défi; en vain les officiers s'élancèrent, encourageant leurs soldats à marcher encore. Des files furent littéralement fauchées, jusqu'à ce qu'enfin, après un effort héroïque, la retraite fut sonnée, et l'ennemi se retira dans les bois, serré de près par nos troupes. Dans l'après-midi nous avions gagné assez de terrain pour que le drapeau tricolore flottât encore sur Champigny et Brie-sur-Marne.

L'artillerie prussienne seule continuait de nous tenir tête, mais nous pûmes jusqu'au soir suivre les progrès de nos colonnes par les nuages de fumée blanche qui s'élevaient des bois.

Notre douleur fut grande le lendemain, quand

on nous apprit que le général Ducrot avait repassé la Marne et bivouaqué dans le bois de Vincennes. La seconde ligne des retranchements prussiens, garnie d'une artillerie formidable et défendue par des troupes fraîches, n'avait pu être enlevée. Il n'aurait pas été prudent de continuer le mouvement. D'ailleurs le froid, qui était très-vif, n'aurait pas permis aux troupes de rester plus longtemps sans abri.

Toutefois un grand résultat avait été obtenu. L'armée de Paris, improvisée en deux mois, venait de prouver qu'elle était capable de grandes choses; elle avait lutté contre des masses considérables, et son énergique résistance avait causé de grandes pertes aux Prussiens. Nous avons appris plus tard que ces derniers eurent tant d'inquiétude sur l'issue de la bataille, que des fuyards allèrent jusqu'à Meaux en disant qu'ils étaient perdus, et que les officiers avaient fait préparer leurs bagages. Nous eussions été enchantés de les accompagner dans leur voyage.

Le rôle du plateau d'Avron et de sa garnison semblait devoir être terminé. Il n'en fut rien. Les combats du 30 novembre et du 2 décembre avaient montré d'une manière éclatante quels effets on pouvait espérer de cette redoute avancée, qui tenait les Prussiens en respect et commandait un un grand espace de terrain. Il fut décidé que nous la conserverions, et la division d'Hugues fut affectée à sa défense. On se contenta de nous enlever le détachement de marins qui, sous les ordres de l'amiral Saisset, avait servi les grosses pièces.

Nous avions encore une artillerie très-respectable; d'ailleurs le fort de Rosny n'était qu'à deux kilomètres. Il était évident que si l'ennemi tentait un assaut, il serait écrasé par nos batteries unies à celles du fort. Nous reprîmes alors le service journalier, et l'autorité supérieure vint examiner quels travaux il faudrait faire pour mettre le plateau en état de défense. On parlait d'en faire un véritable camp retranché.

L'opinion publique s'est vivement émue le jour où il a été nécessaire de l'abandonner; et comme les Prussiens se sont enorgueillis de notre retraite ainsi que d'une grande victoire, que leurs bulletins ont grandement exagéré les choses, je tiens à exposer en détail tout ce qui a été fait sur le plateau pour sa défense. J'ai assisté à toutes les opérations auxquelles il servait de pivot; j'ai eu entre les mains tous les ordres qui nous ont été transmis ; je crois nécessaire, dans l'intérêt du débat engagé depuis plusieurs mois, de raconter ce que j'ai vu et entendu. On aime d'ailleurs à se reporter à ces souvenirs qui, pour nous, soldats d'une heure, resteront comme un rêve.

Notre division était répartie sur le plateau de la manière suivante. A l'éperon, c'était l'infanterie de marine ; en arrière, c'était la ligne ; au centre, c'est-à-dire au point culminant où s'élève le modeste village de Beau-Séjour, était le cantonnement des trois bataillons de la Seine. Un bataillon de Bretons occupait une carrière à plâtre qui regarde Bondy et touche à la route de Rosny à Villemonble, et leurs compagnies étaient logées dans un vieux château à l'aspect imposant qui sert de dépendance à la carrière ; les hommes s'étaient réfugiés sous les hangars ou dans les grottes. C'était là qu'étaient leurs postes. Les deux autres bataillons avaient dressé leurs tentes au point le plus rapproché du fort de Rosny, à quelques centaines de mètres seulement des premières maisons. Enfin, les chasseurs à pied occupaient quelques masures en contre-bas du plateau, et ils ne tardèrent pas à augmenter notablement le nombre des habitations.

Dès que les hommes eurent appris que nous devions rester à Avron, ils entreprirent de rendre leur séjour moins pénible. Il s'agissait de remplacer la tente de toile, ouverte au vent et à la pluie, par un abri plus solide et plus sûr. Il fallait à la brise glacée et à la neige opposer une paroi plus épaisse. Il fallait enfin, sans être accusé pour cela d'avoir trop sacrifié au luxe, substituer à la terre humide un plancher plus sec ou un tapis moins dur. Ces détails d'intérieur, qui remplissent la vie du soldat en campagne dès qu'il a un instant de loisir, devaient exercer l'imagination de nos conscrits. On verra comment ils parvinrent, en quelques jours, à transporter tout un village de la vallée sur la montagne. Les Bretons, que le contact de la vie parisienne n'avait pas habitués, comme nos hommes, aux raffinements du confortable, ne voulurent pas suivre cet exemple en échangeant leur asile primitif contre un plus chaud, et ils souffrirent beaucoup de cette négligence.

On sait qu'il y avait sur le plateau quelques villas. Elles avaient été presque toutes démeublées par les habitants lors de leur fuite, ou par les Prussiens lors de leurs visites. Plusieurs avaient été brûlées ou dévastées par ces derniers. On connaît la méthode qu'ils emploient pour faire disparaître le théâtre de leurs vols; quand une maison a été pillée, ils la brûlent. Le moyen est expéditif et sûr; ils n'avaient pas manqué d'y recourir cette fois encore.

Une seule, que des ornements en plâtre désignaient comme la demeure d'un artiste, était restée à peu près intacte, protégée sans doute par les dieux antiques dont les bustes paraient sa façade. Des tapis cachaient les carreaux; les meubles étaient à leur place; les portières avaient été oubliées, et l'on y voyait encore, chose étrange, des matelas, respectés peut-être par amour de l'art dont ils avaient supporté un adepte. J'ai su depuis que c'était la maison de Gil-Perez.

Ces quelques bicoques, éparses sur l'emplacement de l'ancien parc, étaient entourées de petits carrés de terrain cultivés avec avarice et séparés par des murs. Elles étaient occupées jadis par une colonie de Parisiens qui y venaient chercher, m'a t-on dit, du samedi au lundi, les plaisirs de la campagne. L'hiver, elles étaient abandonnées; d'ailleurs leur construction légère et économique témoignait assez qu'elles n'avaient pas été destinées à braver les rigueurs de la la température. Pendant la belle saison, le voisinage de Rosny et de Villemouble en faisait une retraite confortable pour ceux que les soucis du commerce ou les loisirs du bureau retenaient à Paris pendant toute la semaine. Chaque jardinet était orné d'un puits d'eau blanchâtre et malsaine, en guise d'étang. Ces maisons furent occupées par les officiers et l'état-major; quelques-unes, plus vastes, servaient à abriter des escouades.

Celle que nous avions envahie se composait de quatre pièces et d'une cuisine; nous y tenions dix et il avait fallu réserver un bureau. Elle était meublée comme les autres, de la manière la plus simple, à l'aide de quelques chaises et de sommiers. Heureux ceux qui avaient rencontré une table.

Nos hommes étaient, dès leur arrivée, descendus à Villemouble. Ils trouvèrent le village dévasté. On m'a dit qu'il avait été occupé par une compagnie de pillards, et le spectacle des dégâts me confirma dans cette pensée. Nous en rencontrâmes d'ailleurs quelques-uns qui paraissaient nomades. Ils semblaient très-liés avec les Prussiens, et leurs excursions fréquentes dans les lignes ennemies attestaient une intimité déjà ancienne. Les élégantes villas et les châteaux qui formaient le village de Villemonble avaient été mises à feu et à sac. Les meubles étaient brisés, la vaisselle jonchait le parquet de ses débris, les glaces et les armoires avaient été éventrées à coups de sabre ; on eût dit que chacune des pièces avait été le théâtre d'une lutte acharnée. Sans doute les Prussiens avaient dû coopérer à ces dévastations ; mais, quelque douloureux que cet aveu puisse être pour mon amour-propre national, je dois dire que les troupes irrégulières, si heureusement multipliées par le gouvernement du 4 septembre, avaient en bien des endroits laissé des traces analogues de leur passage. Si nos moblots n'ont pu toujours se défendre d'aller sur leurs brisées, du moins leur excuse est qu'ils avaient trouvé toutes ces propriétés violées par d'autres. Utiliser pour la construction de leurs cahutes ces débris de dévastations antérieures, ce n'est certes pas aussi grave que de les vendre. D'ailleurs, les officiers veillaient à ce que de nouvelles effractions n'eussent plus lieu, et jamais aucun de nos hommes, déjà chargé d'un lourd bagage, ne transporta dans un nouveau cantonnement les objets trouvés, et qu'il employait à son usage. J'ai retenu une inscription écrite à la craie sur une des habitations pillées : « Les deux frères qui occupaient cette maison sont partis pour défendre leur pays. Honte à ceux qui ont profité de leur absence pour les dévaliser ! » Nous trouvâmes dans plusieurs caves les traces d'orgies récentes, et plusieurs fois il fallut éteindre le feu qu'avaient allumé des misérables. On sait que la Commune comptait beaucoup de ces hommes dans les rangs de ses défenseurs, et l'on comprendra sans peine qu'ils aient été capables des plus odieuses déprédations. L'incendie et le vol ne devaient plus les effrayer.

Villemonble étant ainsi dévasté quand nos bataillons arrivèrent, les hommes ne se firent aucun scrupule d'en rapporter des planches, des portes et le bois à brûler qui s'y trouvait encore. C'est à l'aide de ces matériaux de toute nature que s'éleva bientôt sur le plateau un nouveau village. Chaque mur servait de soutien et de paroi à une cahute grossièrement construite, mais solide et très-suffisante à protéger ses habitants contre le froid. Tous les poêles des environs avaient été mis en réquisition pour compléter le mobilier et en faisaient des logements supportables. Sans le secours de ces modestes abris, je ne crois pas que nos hommes eussent pu résister aux rigueurs de la température; les cas de congélation trop fréquents déjà se seraient multipliés d'une manière effrayante. Ainsi le bataillon de Vendée qui se trouvait avec nous, et dont les hommes n'avaient pas profité de cet exemple, fut décimé par les maladies.

Notre campement présentait le plus étrange aspect, et une promenade à travers ces huttes, que n'aurait pas reniées une tribu sauvage, offrait aux regards un pittoresque spectacle. Ici s'était réfugiée une escouade de 12 hommes. Le logement, long de trois mètres et large d'autant, s'élevait à peine de terre ; on ne pouvait pénétrer dans la chambre qu'en se couchant. Le toit était couvert de bois et souvent de zinc. Parfois on rencontrait une croisée, dont une porte vitrée tenait l'emploi. Là, c'étaient les toiles de tente qui servaient de toiture à la maison, deux portes devant remplir le rôle de paroi.

Dans l'enclos où était cantonnée la première compagnie, c'était une bizarre collection de logements disparates, que la fantaisie des habitants avait multipliés. Deux moblots s'étaient creusé une véritable tanière ; un grand trou, recouvert d'une armoire renversée, leur servait de chambre à coucher et de salon.... Peu s'en fallut qu'ils n'y fussent asphyxiés.

Ceux qui avaient des dispositions pour l'architecture pouvaient les mettre à profit. Ainsi les sous-officiers de la 1re compagnie s'étaient construit une salle à manger des plus complètes : tables, chaises, vaisselle, cheminée à la prussienne, rien n'y manquait. Un plancher, disposé sur solives, repoussait l'humidité du sol, et les parois étaient recouverts de papiers de diverses couleurs. Le plafond était orné d'une suspension. Il est vrai que la pièce devait servir de bureau et de magasin aux vivres. C'était là un endroit renommé pour la cuisine, on y mangeait jusqu'à des biftecks au pétrole !

Ces détails d'intérieur occupaient nos hommes, qui n'avaient d'autre service que celui des grand'-gardes, à plusieurs jours d'intervalle. La route de Villemonble au camp était sillonnée chaque jour d'innombrables convois. C'étaient des voitures, des brouettes, des brancards qui concouraient au déménagement.

Notre vie est ainsi réglée. Chaque matin le réveil à trois heures. C'est une excellente précaution pour éviter toute surprise. L'affaire de Champigny avait été pour tous une cruelle leçon ; mais au moins on en avait profité chez nous. A quatre heures, la compagnie de piquet conduite par l'adjudant-major, et fournie par chaque bataillon à tour de rôle, descend dans la plaine et pousse une reconnaissance en avant de nos lignes. Nous avons remarqué que les Prussiens, méthodiques dans tous leurs actes, n'avaient pas l'habitude d'attaquer avant le jour. C'était une manière de leur apprendre qu'on les attendait de pied ferme.

Nos avant-postes occupent le bas de Villemonble, et les sentinelles s'avancent jusqu'au talus du chemin de fer qui sert de limite aux deux camps. Nous avons, à notre arrivée, trouvé sur la voie le cadavre d'un ouvrier tué par les Prussiens. Les deux parties du village sont reliées par un tunnel qui passe sous le chemin de fer. A quelques mètres plus loin, sur la route qui conduit au Raincy, l'ennemi a établi une formidable barricade formée de troncs d'arbres et munie de canons.

Les Saxons travaillent, à l'abri de ce rempart improvisé, aux batteries dont ils doivent faire plus tard la cruelle expérience à nos dépens.

Pendant le jour, il faut aller chercher les sentinelles prussiennes; mais la nuit elles se rapprochent, et à chaque instant échangent des coups de fusil avec les nôtres.

Il s'était même organisé une sorte de chasse aux Prussiens; nos factionnaires s'embusquaient derrière un mur et parvinrent plusieurs fois à tuer la sentinelle ennemie.

Cette surveillance et ces alertes continuelles aguerrissent nos hommes. Plusieurs d'entre eux furent blessés dans ces rencontres, et quelques-uns furent tués ou disparurent. Mais on ne craignait plus d'aborder le Prussien.

Un jour, entre autres, deux ou trois de nos hommes descendent à Villemonble et dépassent le talus du chemin de fer. Le chemin n'est pas gardé; ils s'engagent dans une rue, et aperçoivent devant eux un amas de pavés et de poutres sur lequel flottait un fanion noir et blanc. C'est un poste ennemi. Ils se cachent dans les maisons voisines, et par les toits parviennent jusqu'au-dessus de la barricade. L'un d'eux s'élance, et au nez des Prussiens stupéfaits enlève le drapeau qu'il rapporte à notre colonel. Leur retraite put s'effectuer sans accident, au milieu des balles que le flegme germanique, poussé à bout par cette bravade, leur adressait. L'expédition avait réussi.

D'autres distractions remplissaient encore les loisirs forcés de nos moblots. Ils ont découvert dans le presbytère un orgue, et chaque jour, pendant de longues heures, on peut assister aux tortures du malheureux instrument, voué malgré sa résistance à l'usage le plus profane. Nos artistes épuisaient son haleine à répéter les morceaux insolites de la *Belle-Hélène* et de la *Grande-Duchesse*.

La seconde semaine de notre occupation venait de commencer, quand on parla des travaux de terre qui devaient concourir à la défense du plateau. Déjà les batteries avaient été solidement établies, des épaulements considérables les mettaient à l'abri des projectiles ennemis. Une d'entre elles, qui commandait Gagny et dominait une pente douce par laquelle l'assaut semblait praticable, était protégée par d'énormes fascines. Mais il fallait, après avoir songé aux canons, pourvoir aussi à la défense des hommes. On barra d'abord la route de Villemomble avec des tonneaux et de la terre. Enfin des corvées régulières furent désignées pour les tranchées. J'ai vu ces différents travaux se commencer et se poursuivre, et, comme ils ont été la cause première de l'évacuation du plateau par nos troupes, je dois dire ici ce qui leur a manqué pour que le but cherché fût atteint.

Sans doute il est facile de critiquer, surtout après une guerre, les diverses opérations qui l'ont marquée. Mais quand 'expérience a donné raison à des observations personnelles, il est bien permis, sans être accusé de récriminations stériles, d'expliquer comment un des points les plus importants de notre système de défense a pu être si vite abandonné.

La tranchée projetée devait courir sur la crête du plateau, depuis l'éperon jusqu'à Rosny; c'était en même temps une ligne de retraite et un chemin couvert.

Au sommet du plateau, la tranchée était double; elle reliait, par un embranchement, l'entrée de notre cantonnement à la batterie établie en face du Raincy. Cette batterie était défendue par une forte courtine.

Les travaux avaient donc été commencés, le temps força bientôt de les abandonner. On a dit souvent que, pendant cette malheureuse campagne, le ciel avait été peu bienveillant pour nous.

Rien n'est plus vrai. Toutes nos opérations, grandes ou petites, ont été contrariées par les rigueurs d'une température exceptionnelle. Ainsi, nous avons passé pendant un mois par les plus brusques alternatives de chaud et de froid. Un jour, il gelait à 15 degrés, la terre était si dure que les outils ne l'entamaient plus; le lendemain, le dégel arrivait : l'argile, en se liquéfiant, formait une boue épaisse et résistante, qui, par son inertie même, défiait tout effort. Puis la gelée rentrait en scène, et alors le sol, piétiné par les travailleurs, formait une croûte si tenace qu'il fallait renoncer à la briser.

Peut-être ces difficultés n'auraient-elles pas arrêté des terrassiers et des ouvriers expérimentés, mais nos moblots n'avaient pas la moindre expérience de ces travaux pénibles. Tirés des plus riches quartiers de Paris, ils devaient avoir peu de goût et sans doute une bonne volonté moins patiente pour ce rude labeur. La main, qui la veille encore tournait les feuillets d'un ouvrage de droit ou d'un registre, était bien peu habile à manier la bêche. Aussi la tranchée avançait-elle lentement, malgré le concours du génie auxiliaire. Elle put s'achever cependant, mais l'avenir montra combien elle était insuffisante. L'épaulement ne pouvait couvrir un homme debout, et, pour le suivre à l'abri, il fallait se courber. La tranchée était à peine une protection contre les balles ; on comprend qu'elle n'ait pas joué le moindre rôle dans le bombardement sans précédent que les Prussiens nous firent subir.

Je sais que dans la pensée du général en chef il ne devait plus y avoir de tentative sur la rive gauche de la Marne. L'affaire de Champigny avait éclairé les plus incrédules sur les difficultés d'une sortie contre ces positions du périmètre d'investissement. Avron ne devait plus servir de pivot à un grand mouvement, puisqu'il avait été reconnu que nos troupes devaient se heurter sans succès contre les retranchements prussiens. Mais pourquoi alors conserver sur ce plateau douze mille hommes, pourquoi les exposer si longtemps aux intempéries de la saison, qui faisaient plus de victimes que le feu de l'ennemi? Sans doute une pensée se cachait sous cette mesure, et si nos hommes devaient souffrir si longtemps du froid, ce n'était pas sans un intérêt quelconque. Ce but mystérieux, l'avenir nous le devait révéler, et l'observation m'a démontré que, s'il n'avait pas été atteint, c'était grâce à l'imprévoyance du Génie chargé des travaux.

On sait que deux moyens peuvent être mis en action pour soutenir le courage d'une population assiégée et soumise aux plus rudes privations. S'il n'y a pas d'exemple dans l'histoire d'un siége semblable à celui de Paris, il est permis, par la comparaison des petites choses aux grandes, d'établir des analogies. Je ne parle pas, bien entendu, de ces sentiments de patriotique abnégation que chacun trouve en soi; ceux-là il n'appartient guère à un général de les exciter ou de les réveiller dans le cœur des citoyens. Je distinguerai donc parmi ces moyens de défense ceux qui sont purement actifs ou matériels, et ceux purement passifs ou moraux. Les premiers consistent dans des opérations militaires, des sorties heureuses; les seconds dans des résistances efficaces.

On avait déjà compris que les Prussiens voulaient nous réduire par la famine; que, impuissants à vaincre par la force les obstacles élevés devant eux, ils emploieraient cette odieuse et extrême ressource d'affamer la population civile, pour la contraindre à ouvrir elle-même ses portes; les émeutes suscitées par la faim devaient, d'après les prévisions prussiennes, leur venir en aide. Chacun savait que le système de nos ennemis reposerait uniquement sur l'inertie, plus terrible et plus certaine en ses résultats qu'un assaut.

Un rationnement sage eût permis peut-être de retarder le succcès de cette manœuvre. Mais comme le bombardement, exigé, a-t-on dit, par l'opinion publique de cette poétique Allemagne qu'avait lassée notre constance, devait concourir aussi à la prise de Paris ; comme, d'un autre côté, nous avions appris que des batteries de gros calibres avaient été élevées par l'ennemi sur divers points, nos chefs ne devaient-ils pas prévoir l'éventualité d'une attaque brutale et chercher par avance les moyens d'y répondre ? C'était l'influence morale basée sur une résistance passive qu'il s'agissait de conserver, si l'on voulait soutenir l'enthousiasme de la population.

Or, on avait beaucoup parlé de l'importante position d'Avron ; on avait dit et répété que c'était une des clefs de la défense. L'élément civil, dont les impressions sont si mobiles et qui dominait dans Paris, avait, à tort ou à raison, attaché une grande importance à cette partie de la défense. Comme les plans mystérieux du général Trochu n'étaient pas connus, il était tout naturel que l'on comptât beaucoup sur une position dont on avait apprécié l'influence.

On s'était ainsi bercé d'illusions, qu'entretenaient les résultats favorables obtenus dans les premiers combats. D'ailleurs on espérait que, si les armées de la Loire parvenaient à percer les lignes qui les séparaient de nous, c'était par Avron, qui, comme une sentinelle avancée, tenait l'ennemi en respect, qu'on pourrait leur donner la main. Ces idées étaient répandues dans les esprits, et le maintien d'une division sur ce point avait dû les confirmer encore.

Il fallait donc prévoir que l'abandon d'Avron serait d'un déplorable effet, que la population, émue de cette retraite, la regarderait comme un grave échec. Aussi eût-il été prudent de ne pas laisser cette porte ouverte au découragement, si dangereux quand il s'empare de deux millions d'hommes. Enfin, puisque les sorties ne réussissaient pas au gré de nos désirs, il fallait au moins donner à l'opinion publique la satisfaction de ne point céder un point conquis. Des travaux plus considérables, des tranchées plus profondes, auraient permis à nos troupes de braver un bombarde ment formidable; des épaulements solides eussent donné le moyen de répondre au feu de l'ennemi. Et le peuple de Paris, constatant l'inutilité des attaques prussiennes et l'innocuité de leurs efforts, s'en fût réjoui comme d'une victoire, au lieu de s'affliger comme pour une défaite. Nous ne pouvions, hélas! marcher en avant; au moins ne fallait-il pas reculer, sous peine d'augmenter la démoralisation, dont les indices perçaient déjà sous les cris enthousiastes des soldats citoyens, qui sans doute cherchaient à s'étourdir de leurs sombres pensées.

C'eût été, surtout, enlever au pieux roi Guillaume, avide de lauriers, le prétexte d'un de ces bulletins *à Augusta,* où il s'enorgueillissait de notre départ comme d'un grand succès.

On aurait pu tenir, il fallait se préparer à rester sur le plateau.

L'opinion que j'exprime ici est fondée sur des observations certaines, elle a été confirmée chez moi par les événements qui ont suivi. D'ailleurs je ne suis que l'écho d'une pensée commune à tous les officiers qui vivaient avec nous. Tous reconnaissaient que, s'il avait été sage de ne pas laisser les troupes exposées plus longtemps au bombardement, il aurait été plus sage encore de leur préparer un abri pour continuer la lutte dans des conditions égales. Quoi qu'il en soit les travaux ne furent pas terminés.

Notre existence sur le plateau est peu variée. A part le travail de tranchées et les grand'gardes, aucun service spécial ne vient interrompre la triste monotonie des journées d'hiver.

D'ailleurs, la température est rigoureuse : tantôt un épais linceul de neige s'étend sur nous, tantôt le dégel arrive avec ses teintes lugubres, et le sol délayé ne forme plus qu'un vaste marais. Vers le milieu du mois de décembre, le froid nous fit beaucoup souffrir, peu échappèrent à ses rudes atteintes.

Les maladies, déjà fréquentes à cause de la mauvaise qualité de l'eau, se multiplient d'une manière inquiétante. C'est une véritable épidémie de rhumes et de bronchites, qui fait de nombreuses victimes parmi les Vendéens, nos voisins, moins habitués que nous aux rigueurs de l'hiver, et d'ailleurs moins habiles à se protéger contre les caresses de la bise. Chacun se renferme dans sa cahute; les poêles, heureusement nombreux, sont les centres de réunion, et l'on cause des années meilleures; puis les nuits viennent vite, et l'on se lève de bonne heure. Aussi, à peine la soupe du soir a-t-elle été dévorée, que chacun se blottit du mieux qu'il peut dans ses couvertures, et s'endort, rêvant aux salons dorés et aux pièces chaudes qui sont déjà de lointains souvenirs.

Le temps était passé où nos hommes pouvaient se répandre dans les cabarets de Rosny et de Montreuil, pour y chercher leur pâture quotidienne. La nécessité, mère des industries, leur suggéra le goût de la chasse. Les parcs de Villemonble étaient sillonnés de terriers ; c'en fut assez pour leur inspirer une passion nouvelle. Des expéditions furent bientôt organisées. Nemrod, de vénérée mémoire, eut dans nos rangs de fervents et nombreux disciples. Mais, comme les fusils de chasse étaient en très-petit nombre, on les remplaça par le chassepot. On coupait les balles, et cette grenaille grossière remplissait le rôle de plomb. Cette méthode primitive permit cependant à nos chasseurs d'augmenter d'une manière notable l'ordinaire du troupier. Les plus habiles rapportaient à chaque sortie plusieurs lapins.

Le jour de la Sainte-Barbe fut pour ces intéressants animaux une véritable Saint-Barthélemy. Les artilleurs avaient voulu fêter d'une manière plus digne, la fête de leur patronne. Ce fut l'origine d'un grand massacre dont on parlera longtemps dans la gent lapinière. Ce jour-là, l'œuvre de destruction ne marchant pas au gré des appétits, on fit appel à toutes les ressources de la science militaire : et la sape fut substituée aux armes à feu. Les hommes faisaient de profondes tranchées autour des terriers, et les plus secrètes cavernes ne purent désormais plus protéger des ennemis qu'attendait la broche. J'avais pu me procurer un mauvais fusil de chasse, et avec mes camarades nous organisâmes une battue où je tuai quelques lapins dont la *popote* se trouva fort bien. La neige nous contraignit trop tôt à renoncer à ces parties. Les vivres étaient déjà rares, et nos provisions avaient grand'peine a monter sur le plateau.

D'ailleurs, cette distraction n'était pas sans danger. Les Prussiens, qui nous surveillaient, se chargèrent de nous rappeler que le chasseur peut quelquefois être chassé à son tour. De temps en temps, une balle traversait les branches au-dessus de nos têtes, lançant au vent sa note aiguë. Plusieurs accidents eurent lieu, causés soit par les projectiles ennemis, soit même par l'imprudence des chasseurs. Un ordre du général vint interdire de se servir du chassepot pour la chasse, un second vint défendre de descendre dans le village; des sentinelles en gardaient l'entrée.

Cette privation fut sensible à nos hommes : les rations avaient encore été restreintes, et on ne leur donnait de vin qu'un jour sur deux ; ce fut pour beaucoup une véritable souffrance, car les cantitines étaient chères et peu fournies. Alors commença une émigration quotidienne sur Rosny ; c'était un va-et-vient incessant sur la route.

Ces promenades donnèrent bientôt lieu à des scènes fort pénibles. Les gardes nationaux, qui nous avaient remplacé à Rosny, en bons voisins qu'ils étaient, ne nous épargnaient pas les critiques, et notre colonel dut se préoccuper d'éviter de fâcheux conflits. Sans doute je ne veux pas ici exalter outre mesure la garde mobile, mais je veux au moins la venger d'attaques malveillantes. Ils en parlaient bien à leur aise, ceux qui nous accusaient de ne pas rester dans nos cantonnements : n'étaient-ils pas logés dans les maisons du village, et n'étaient-ils pas sûrs aussi de retrouver, après quelques jours de garde, un bon lit et un meilleur repas? Mais nos hommes élevés dans le luxe, ou tout au moins dans l'aisance, étaient exposés sans relâche aux rigueurs de la saison. Il faut qu'on le sache, pour que le rôle et le mérite de chacun se dégagent enfin de ces tracasseries dont nous avons été abreuvés. J'ai entendu bien souvent de vieux officiers de l'armée parler des souffrances et des fatigues qu'ont endurées ces soldats de la veille, pendant ce séjour d'un mois sur le plateau. Tous s'accordaient à admirer l'abnégation de ces hommes qui ne se plaignaient jamais. Chaque soir, après un rude labeur, par la neige et par la boue, il fallait rentrer dans des réduits mal couverts et mal fermés; et là, comme on sait que la garde-robe du soldat est peu variée, il fallait se coucher et dormir dans sa capote mouillée, sans paille et après un médiocre souper. C'est ainsi que ces hommes ont passé trente jours, et ils méritent mieux que d'envieuses critiques.

Si je me suis arrêté un instant sur cette observation, que je considère comme un acte de justice et un tribut de reconnaissance, c'est que nous eûmes à subir maintes et maintes fois jusqu'à des injures. Le voisinage des gardes nationaux de Rosny prouva combien était grand l'antagonisme entre les deux armes. Il n'est pas d'ennuis que les *soldats citoyens* ne nous aient ménagés. Ainsi le pont du chemin de fer nous fut interdit par eux, de leur propre autorité, et il fallut que le général intervînt pour nous faire rendre le passage.

Il me revient à l'esprit un trait qui prouvera, mieux que je ne saurais dire, les tendances des deux corps. Quelques gardes nationaux étant en promenade sur la route de Villemonble étaient arrivés à un poste occupé par nos hommes. Ils causaient avec le caporal des vicissitudes du siége qu'ils trouvaient bien long : « Vous êtes déjà las de vos campagnes, reprit celui-ci ; ah ! vous n'êtes pas encore au terme. Vous voyez mes galons, j'ai mis quatre mois à les gagner, eh bien ! il faut que je sois général avant la fin du siége. »

J'eus l'occasion, pendant le mois de décembre, de rencontrer plusieurs fois le colonel Stoffel, qui commandait l'artillerie. On sait combien l'opinion parisienne, si capricieuse, s'était portée à son égard d'un extrême à l'autre. Aux reproches les plus injustes avait succédé un véritable engouement. Il venait alors de faire paraître ces intéressants rapports dans lesquels le système militaire prussien, et surtout l'opinion des Allemands sur notre pays, étaient exposés avec une merveilleuse clarté. On sait avec quelle netteté il avait, longtemps à l'avance, dévoilé les prétentions germaniques. Nous l'eûmes à déjeuner, et il nous raconta longuement ses tentatives pour ouvrir les yeux à nos gouvernants. Il avait, lui aussi, joué le rôle éternellement vrai de Cassandre; ses prophéties, dont on s'était tant raillé, se réalisaient à nos dépens. Il nous dit encore comment il avait pu s'échapper de Sedan, déguisé en paysan, et ses mille aventures avant de rejoindre l'armée de Paris. C'est un des caractères qui m'ont le plus frappé, parmi tant d'officiers que j'eus l'occasion de rencontrer pendant la guerre. Sa figure, ouverte et franche, est rude au premier regard; mais elle devient sympathique dès qu'on l'a entendu parler. Loyal comme le soldat français, il disait toute sa pensée sur les hommes et sur les choses. Nous eûmes grand plaisir à passer quelques heures auprès de lui.

Aucun événement militaire, pendant les jours qui suivent, ne traverse notre vie. De temps en temps nos sentinelles échangent quelques coups de fusil avec les Prussiens, mais il ne se passe aucun fait qui mérite d'être signalé. La température est toujours aussi dure. Les hommes se confinent dans leurs cahutes et n'en sortent que pour l'appel ou la soupe. La neige fine et glacée ne cesse d'ailleurs de tomber. Nos cantonnements offrent un curieux coup d'œil. On se croirait transporté en Laponie. La terre est couverte d'une nappe blanche, sous laquelle ont disparu les champs et les routes; c'est un désert. Çà et là s'élèvent quelques monticules d'où s'échappe lentement une fumée bleuâtre.

J'assistai par une de ces matinées de décembre à un merveilleux spectacle, auquel l'étendue du panorama qui se développait sous mes yeux prêtait une imposante majesté. Il avait neigé la veille, et le froid ayant redoublé pendant la nuit, la neige s'était transformée en mille cristaux et s'était fixée aux branches. Toute la vallée et les bois du Raincy étincelaient aux rayons du soleil. Les grands peupliers de la plaine formaient comme des aiguilles blanches d'où se détachaient les troncs noircis, et les arbres du bois, tout hérissés de petites lamelles de glace au milieu desquelles se jouait la lumière, ressemblaient à des pommiers en fleurs et formaient un immense verger. C'était un de ces caprices de la nature qui avait, pour un instant, interverti l'ordre naturel des saisons. Le printemps aux vives et fraîches couleurs avait en une nuit succédé à l'hiver aux teintes sombres. Les champs, éclairés par les lueurs naissantes du jour, revêtaient ces tons roses que leur donnent les premières fleurs de mai. Ce magique tableau nous avait tous arrachés de nos tentes, et nous ne pouvions en détacher nos regards.

CHAPITRE V

LE BOURGET. — LA MAISON BLANCHE

20 *décembre*. — On prépare une nouvelle sortie. Les portes de Paris sont fermées. C'est l'ordinaire et imprudent indice d'une action importante. La proclamation suivante est affichée le soir :

« Le gouverneur de Paris est parti ce soir pour se mettre à la tête de l'armée, des opérations de guerre importantes devant commencer demain, 21 décembre, au point du jour. Tous les mouvements de troupes se sont effectués avec la plus grande régularité. Il y a plus de cent bataillons de la garde nationale mobilisée en dehors de Paris. »

Notre artillerie prend ses positions pour le combat du lendemain. De nouveaux épaulements ont été préparés sur la crête du coteau qui regarde Bondy. Les grosses pièces sont restées à l'Éperon, d'où elles commandent toute la plaine; ce sont les nouvelles pièces de 7, dont l'épreuve avait été si brillante au 2 décembre, que l'on destine à appuyer les mouvements de troupes. Nos hommes reçoivent l'ordre de se tenir prêts pour prendre part au combat.

Bataille du Bourget. — Le 21 décembre au matin, nos pièces commencent le feu. Elles doivent éteindre les batteries que l'ennemi a établies en avant de Bondy, et couvrent d'obus les positions prussiennes. Grâce à leurs concours, les mouvements s'effectuent heureusement sur tous les points. A notre droite, et pour ainsi dire à nos pieds, les généraux de Malroy et Blaise occupent Neuilly-sur-Marne et ont débusqué l'ennemi de Ville-Évrard. A notre gauche, une forte colonne, sous les ordres de l'amiral La Roncière, enlève le Bourget. Les marins ont mis leurs fusils en bandoulière, et c'est avec la hache d'abordage qu'ils attaquent les Prussiens; mais les renforts de l'ennemi arrivent trop tôt; il revient à la charge, et, après une énergique résistance, la colonne est contrainte de se replier emmenant une centaine de prisonniers. Les canons que le général Ducrot a fait avancer pour appuyer l'attaque continuent leur feu contre les batteries du Pont-Iblon et de Blanc-Mesnil.

J'ai indiqué en quelques mots quel était le but des diverses attaques et j'en ai décrit l'ensemble. Je reviens aux opérations spéciales auxquelles notre corps devait prendre part, et qui rentrent dans le plan général. C'est un résumé des dispositions prises par le gouverneur de Paris pour assurer l'exécution de tous ses mouvements, que je transcris ici. J'ai eu entre les mains les notes communiquées à notre général, et j'en rapporte tous les détails qui nous intéressaient.

Dans le projet du général Trochu, la bataille devait avoir lieu sur une ligne assez vaste, qui, partant de la Marne, allait, en passant par le Raincy, jusqu'au Bourget. Pendant que les troupes devaient d'un côté enlever Neuilly-sur-Marne et Ville-Évrard, de l'autre le Bourget, nous devions tenter une attaque de vive force sur le Raincy.

L'objectif de ces diverses opérations était donc, si le mouvement réussissait sur le Bourget, de tourner les coteaux du Raincy, en passant par derrière Bondy, et si celle de la Ville-Évrard donnait les mêmes résultats, de faire passer nos troupes entre Chelles et Montfermeil, pour tourner les hauteurs que nous devions alors enlever. On voit que ces trois attaques convergeaient vers un seul point. Tandis que par ce mouvement tournant on forçait l'ennemi à défendre ses derrières, ce qui compromettait sa ligne de retraite, notre division, protégée par les batteries d'Avron, devait l'aborder de face. Si l'opération avait obtenu le succès espéré, elle mettait en notre pouvoir les coteaux du Raincy à Montfermeil, et les batteries qui s'y élevaient. L'échec éprouvé au Bourget paralysa le mouvement sur tous les autres points, il eût été imprudent de poursuivre ; et puis, l'attaque avait plutôt le caractère d'une forte reconnaissance que celui d'un effort résolu pour forcer les lignes. Aussi nos hommes qui étaient sur pied depuis le matin reçoivent-ils l'ordre de rentrer dans leurs cantonnements. C'est partie remise.

Pendant ce temps, un détachement tiré de divers bataillons et conduit par le colonel Valette, concourait avec les troupes à l'attaque de la Maison-Blanche et l'enlevait. Mais le signal de la retraite arriva avant qu'il fût possible de prendre quelques dispositions pour empêcher les Prussiens d'y revenir.

Aucun ordre nouveau ne nous vient le lendemain. Rien n'annonce que les opérations doivent suivre leurs cours. Cependant les troupes sont encore à Bondy et à Drancy, où elles travaillent activement aux tranchées. Dans l'après-midi, on distingue dans la plaine une ligne noire qui se meut. Chaque compagnie est aussitôt réunie et prend sa place de combat sur la crête; mais les Prussiens ne vont pas plus loin, c'était une innocente manifestation, et nous rentrons. Nos pièces continuent à diriger leur feu en avant de Bondy.

Nous apprenons une triste nouvelle. Le général Blaise, qui avait pris la Ville-Évrard, a été tué pendant la nuit, à la tête de ses troupes. Lors de l'occupation, les soldats avaient négligé de fouiller les caves de ce vaste établissement. Les Prussiens qui y étaient cachés profitèrent de l'obscurité pour les surprendre; le général fut une des premières victimes. C'était une preuve nouvelle de la fatale incurie de nos officiers pendant cette malheureuse campagne.

L'affaire du Bourget fut un des plus douloureux événements du siége; elle contribua grandement à décourager l'armée de Paris, que ces marches vaines fatiguaient sans résultat. Les soldats perdent la confiance qu'ils avaient montrée à Champigny, et une appréhension énervante, funeste au courage et à tout ce qui caractérise la force militaire, envahit nos bataillons. Ils n'avaient plus que la patience, vertu qui ne peut guère remplacer la foi.

Je n'ai point à rechercher quelles ont été les causes de cet insuccès. Il a paru aux Anglais, comme un « nouveau témoignage de cette pratique étroite de certaines règles générales, et de ce défaut de génie original qu'on peut retrouver dans toute la conduite du général Trochu. »

Cette appréciation m'a semblé subtile, et quelque peu métaphysique. A mon sens, le plan écrit était très-ingénieux ; mais l'exécution trompa toutes les espérances du général en chef : là encore on avait été en retard.

Aucun fait nouveau ne signale la journée, cependant on dit que les opérations reprendront bientôt.

23 *décembre.* — Le froid sévit de plus en plus et atteint quinze degrés. De nombreux cas de congélation se sont produits, et les travaux n'avancent plus. La terre gelée résiste aux efforts des travailleurs. L'ordre est enfin donné de faire ren-

trer les troupes; elles n'avaient pas reculé devant le feu de l'ennemi, mais devant le froid il fallut battre en retraite.

L'*Officiel*, pour rassurer la population émue de ce nouveau mouvement, publie la note suivante :

« Les mesures que l'on vient de prendre pour sauvegarder la santé de nos troupes ont été nécessitées par une température tellement exceptionnelle, qu'il faudrait remonter à une époque très-éloignée pour en retrouver un autre exemple.

« Elles n'impliquent à aucun degré l'abandon des opérations commencées. Le gouvernement, le général, l'armée, le peuple persévèrent plus que jamais dans la résolution de continuer la défense, au prix de tous les sacrifices, jusqu'à la victoire définitive. »

Pendant les deux jours qui suivent, nos pièces ne cessent de tirer sur les travaux des Prussiens, qui se poursuivent avec une grande activité. Sans doute nous allons entrer dans une nouvelle phase de la défense. En descendant à Villemonble, on entend très-distinctement les coups de pioche et de maillet des travailleurs. La lunette permet de voir les terrassements derrière lesquels s'abriteront leurs batteries.

Noël. — Sombre journée, hélas! Le thermomètre est d'une fixité désespérante. Malgré le froid, l'aumônier des Bretons dit la messe en plein air. A l'abri d'un bouquet de bois, en face d'un carrefour de routes, on a dressé l'autel. Quelques planches le protégent contre le vent d'hiver. L'assistance est recueillie, mais les visages sont tristes ; on pense aux fêtes d'autrefois, et les souvenirs des jours heureux reviennent au cœur. Que d'événements douloureux en un an! Qui eût dit, à la Noël passée, que l'anniversaire verrait réunis, sous un rude climat, ces enfants de la Bretagne appelés des moindres villages pour défendre Paris. Combien sont tombés déjà devant nos murs, de ces humbles paysans que leur foi console et que l'espoir du succès soutient encore.

Un peloton de service rendait les honneurs militaires. Quelles que soient les opinions religieuses, il est difficile de n'être pas touché de ce spectacle que sa simplicité rend grandiose ; et l'on se prend à rêver aux charmes puissants de cette croyance, qui réunit tant d'hommes dans une même pensée de patriotisme et d'abnégation. A voir ces soldats de la veille, courbés sous la voix émue qui parle de la France et prêche l'espérance, on comprend mieux combien sont creuses ces élucubrations des libres penseurs, qui font du courage un système et du dévouement une froide théorie.

La journée se passe sans incidents; la neige nous a accordé une courte trêve et les promenades recommencent. Le soir venu, nous réunissons un petit groupe d'amis, pour parler encore des souvenirs et des absents. A tous il manque quelque personne chérie; c'est presque une joie pour nous de causer ensemble de ceux qui ne sont pas là. Notre table peut à peine suffire aux convives, et l'on voit apparaître avec surprise un de ces animaux dont on ne parle plus que dans les livres, aux chapitres des espèces perdues : c'est un poulet. Nos conserves nous permettent de lui donner une escorte convenable et digne des honneurs qu'il mérite. La fête se prolonge après le dîner et nous restons une partie de la nuit à faire des crêpes. Chacun à son tour vient prendre la queue de la poêle, et nous faisons sauter nos crêpes avec nos souvenirs. Les rires ne sont pas épargnés aux maladroits, mais la bonne volonté excuse tout.

C'est en songe sans doute que j'ai vu repasser

dans mon esprit ces joyeux banquets de famille, où tous étaient réunis, et les toasts joyeux portés aux convives aimés. Nous, nous buvons à la France et au succès.

Le lendemain, nous sommes avertis de bonne heure de nous préparer à une petite sortie. L'attaque tentée le 21 sur la maison Blanche n'a pas donné tous les résultats espérés, et nous devons reprendre la tâche inachevée. Il a été décidé que l'on démolirait le mur crénelé derrière lequel s'abrite l'ennemi, et qui lui a permis, lors de l'engagement de Ville-Evrard, de retarder considérablement la marche de nos colonnes.

J'ai assisté à toutes les phases de cette affaire, et comme c'est une véritable réduction de toutes les batailles qui ont eu lieu sous Paris, j'en rapporterai chaque détail. Par ce qui s'est passé dans cette journée, sur une petite échelle, le lecteur pourra juger des difficultés que nos troupes ont eu à rencontrer dans les grands combats.

Nous partons vers huit heures et demie du matin. La colonne d'attaque est composée de deux bataillons bretons, dont l'un servira de réserve, et d'un détachement moins considérable tiré des bataillons de la Seine. Les compagnies de grand'-

garde ont été prévenues, elles doivent surveiller les abords du Raincy, et même opérer une diversion sur Villemomble dans le cas où l'attaque deviendrait générale.

La maison Blanche, dont j'ai déjà cité le nom plus haut, est une belle propriété, située à un kilomètre environ de l'Éperon, à peu de distance de la Marne ; elle est entourée d'un grand parc. C'est là que sont cantonnés les avant-postes prussiens. Les arbres du parc leur servent de refuge pendant le jour ; les hommes passent la nuit dans les communs.

Notre troupe, suivie d'un certain nombre d'ouvriers civils ou militaires, fait une courte halte à la pointe du plateau afin de se compléter, et s'engage sur la pente qui mène au but de l'expédition. A trois cents mètres environ du mur qui nous fait face, elle se divise. Les uns doivent marcher en avant ; les autres, en deux colonnes, se dirigent sur les murs qui ferment le parc à droite et à gauche. Ils pourront, grâce aux brèches qui y ont été déjà pratiquées, tourner l'ennemi.

Au signal donné, les batteries du plateau lancent quelques obus dans l'enceinte pour déblayer le terrain : nous les voyons éclater dans les arbres à quelques pas en arrière du mur.

Les Bretons, auxquels est réservé l'honneur d'attaquer, se déploient en tirailleurs, et marchent en avant ; ils engagent bientôt une vive fusillade. Le bataillon de réserve est développé sur la route qui mène de Gagny à Neuilly-sur-Marne.

Les compagnies d'attaque tirent beaucoup, trop peut-être ; mais les Bretons n'avaient pas encore été au feu, et l'émotion qui se traduit par une fusillade précipitée est bien excusable chez des conscrits. D'ailleurs, si dans une lutte corps à corps l'ardeur du combat et l'ivresse de la poudre suppléent au sang-froid, il n'en est plus de même lorsqu'on se bat contre un mur, lorsqu'on ne voit pas l'ennemi qui tire à couvert et par des meurtrières. Aussi la ligne des tirailleurs, accueillie par un feu très-vif, commence à chanceler ; la marche se ralentit, les hommes, entendant siffler les balles, se couchent et continuent à tirer sur les créneaux, mais les officiers les relèvent et bientôt tous reprennent leur mouvement. Une compagnie hésitait, quand M. Challamet, officier dans notre bataillon, et qui servait d'officier d'ordonnance au colonel, s'élança à la tête des hommes et les ramena au combat.

Bientôt le feu de l'ennemi devient moins vif et nous arrivons au mur ; jamais je n'avais entendu de si près le sifflement des balles, mais on s'habitue à tout. Nos hommes rallient leurs compagnies, on ramasse les blessés, et nous nous préparons à escalader le mur. Pendant ce temps, les ailes qui ont continué leur opération échangent quelques coups de fusils par les brèches, et les Prussiens, attaqués de tous côtés, se disposent prudemment à la retraite. En quelques instants, tous ont bientôt disparu. Nous avions eu une douzaine de blessés et un mort. Un officier des Bretons avait été grièvement blessé au moment où il râmenait ses hommes. C'était un jeune homme d'une excellente famille ; il était consul à Christiania, et avait quitté son poste pour combattre avec ses compatriotes. Lorsqu'on le releva, il ne dit que ces quelques mots d'une touchante simplicité. Il avait demandé si les Bretons étaient entrés dans le parc, et, apprenant qu'ils avaient bravement marché, il ajouta : « C'est bien alors, maintenant je puis mourir. » Quelques jours plus tard, nous apprîmes sa mort. Il avait eu cependant le temps de recevoir la croix que le général Vinoy lui envoya.

Nous entrons dans le parc; la colonne d'attaque est déployée, et nos tirailleurs fouillent les taillis. Derrière les meurtrières dont le mur est amplement garni, les sentinelles ennemies ont amené des fauteuils et des matelas, qui rendent la faction moins pénible. Cette recherche nous parut le dernier mot du confortable militaire.

Çà et là nous trouvons des cartouches abandonnées par l'ennemi en déroute. En quelques instants nous atteignons la maison d'habitation; elle vient d'être évacuée à notre approche. Le feu est allumé : dans le salon les fauteuils sont rangés autour de la cheminée, sur la table sont encore des journaux *parisiens* de fraîche date et quelques feuilles allemandes. Nous ramassons aussi plusieurs casques oubliés par leurs possesseurs; un officier entre autres avait, dans la retraite, perdu cet utile couronnement de son costume. Nous avions découvert son casque tout neuf et étincelant dans un taillis.

Dans la cuisine une marmite est restée sur le feu, et la soupe saxonne y mitonne doucement attendant le retour des convives; les gamelles gisent à terre. Nous rapportons quelques morceaux spécimens de ce saucisson-bouillon que les Prussiens ont dans leur sac, et dont on nous a fait si grand éloge. En réalité, c'est une sorte de composition grasse, dans laquelle entrent des pois secs, et qui permet de préparer en quelques minutes un potage assez nourrissant, quoique peu savoureux. Chaque homme a droit à tant de centimètres du précieux comestible. Je voulus faire le lendemain l'essai de cette mixtion en la délayant dans l'eau bouillante. Eh bien! j'avoue qu'il est difficile de trouver quelque chose d'aussi fade, je pourrais dire d'aussi mauvais. A ceux qui, par système, font l'éloge de tout ce qui provient de nos ennemis, je puis dire que rien ne vaut la soupe française. Mais elle demande cinq heures.

L'habitation, abandonnée aussi précipitamment, est dans un état affreux de dévastation. Les marbres sont brisés, les statues mutilées, les meubles en morceaux, les glaces percées de balles ou étoilées à coups de sabre. Les cristaux des lustres, les pièces de la vaisselle, les livres de la bibliothèque jonchent le sol. Le poste était occupé depuis plus de trois mois par les Saxons, et ils n'avaient pas même eu la pudeur de faire disparaître ces traces de la plus odieuse dévastation. Il est vrai que dans la salle à manger, le couvert des officiers était prêt.

Le parc avait été occupé avec une grande rapidité, ce qui rendait moins probable un retour offensif de l'ennemi. Le colonel fait placer un cordon de tirailleurs en avant de la grille du parc, pour en protéger l'entrée; les hommes sont disséminés sur la route qui conduit de Ville-Evrard à Gagny, et on procède sans retard à l'importante opération qui doit être le but de notre sortie. Les ouvriers sont arrivés et attaquent le mur d'enceinte; mais il est solidement bâti en pierres meulières reliées à la chaux, et la besogne sera longue. Aussi, tandis que les travailleurs s'évertuent, à l'aide de pics et de poutres qu'ils emploient en guise de béliers, à la façon des Grecs, afin de battre en brèche, nous nous répandons dans le bois en quête de Prussiens. Ceux-ci se sont prudemment retirés sur les hauteurs de Gagny d'où ils nous envoient de temps en temps quelques balles, pour nous avertir sans doute que notre mouvement les avait dérangés, mais qu'ils attendaient le moment de rentrer au logis à l'heure de la soupe. On pense que nous avons eu le soin de renverser la marmite.

Partout nous trouvons des traces de leur passage ; dans une tourelle qui devait servir jadis de pompe à eau et qu'ils ont transformée en poste, les murs et la plate-forme sont couverts d'inscriptions, dictées par la fantaisie oisive et grossière des sentinelles. Elles sont en général d'un goût douteux et peu flatteuses pour nous; l'esprit est ce qui manque le plus. Mais, dira-t-on, qui pourrait prétendre à tous les succès à la fois? Il faut ajouter d'ailleurs que Bismarck et Napoléon III, les deux boucs émissaires, ne sont pas à beaucoup près aussi bien traités que notre armée. Il est peu d'injures françaises ou prussiennes qui n'accompagnent leurs noms.

Je tiens à renseigner le nouveau prince allemand sur l'amour de ses troupes. Il me pardonnera d'avoir détruit chez lui une illusion, mais j'ai remarqué à maintes reprises les sentiments de haine que l'Allemand gardait pour son berger.

Pendant que nous avions ainsi poussé en avant, les colonnes qui avaient attaqué les ailes étaient entrées, elles aussi, dans le parc pour nous donner la main. Nous fîmes, grâce à ce mouvement, une demi-douzaine de prisonniers, d'une manière assez curieuse pour que je la rapporte ici.

Le chirurgien du 6ᵉ bataillon de la Seine était occupé à panser un blessé près d'un taillis. Tout à coup quatre grands gaillards, casque en tête, fusil sur l'épaule, et habillés tout de noir, s'avancent vers lui. Sans doute il va être pris, et il se prépare à leur faire comprendre que le brassard de Genève est un drapeau neutre. Mais nos Allemands s'arrêtent à quelques pas de lui; leur attitude est des plus humbles. Ils tendent leurs armes, et, dans un français assez peu intelligible, lui disent : « Bonjour, major, » avec ce flegme et cette roideur qui caractérisent le Germain, puis déclarent se constituer prisonniers. Le major les conduisit ainsi au général, ses captifs lui servant d'escorte, et on les interrogea.

D'un autre côté, un caporal avait mis la main sur deux individus du même courage et du même costume, qui s'étaient fait prendre, et le suivirent docilement. C'étaient des Saxons dont l'humeur guerrière n'était plus soutenue par la présence des officiers, et qui venaient attester par leur joie d'être pris que l'enthousiasme pour la patrie allemande n'était pas encore un sentiment très-développé dans leurs rangs.

On a, du reste, remarqué chez presque tous les prisonniers la même tendance : était-ce lâcheté, était-ce naïveté? Du moins ils s'accordaient à dire qu'ils n'avaient contre nous aucune animosité, et que les coups de bâton constituaient un des principaux éléments de leur courage. Les Poméraniens seuls nous haïssent vraiment. Mais ceux-là avaient été enveloppés dans le mouvement qui avait mis l'Allemagne contre nous, et sans doute ne savaient nullement pourquoi ils se battaient. Ils étaient du reste enchantés d'être pris et répétaient : « La guerre est finie pour nous, nous allons enfin voir Paris. » C'était le rêve de tous les Allemands, voir la ville des merveilles et ne pas mourir. Ils offraient des cigares à tous les assistants. La promesse qu'ils ne seraient pas fusillés les avait mis à leur aise. On sait que c'est encore là un procédé général chez les Allemands. Pour empêcher les hommes de s'assurer par la fuite contre les risques de la guerre, ils ne manquent pas de les avertir qu'aussitôt pris les Français les fusillent. Nos prisonniers, n'ayant plus peur, causaient familièrement avec nos moblots, et donnaient tous les renseignements qu'on leur demandait.

Ces hommes sont remarquablement tenus : ils ont de grandes capotes noires, très-chaudes, avec un capuchon ; leur pantalon est de couleur sombre. Leur casque est brillant, mais ils le remplacent la nuit par une casquette plate, dont nous avions trouvé aussi plusieurs échantillons. Grâce à ce costume, il n'est pas possible de les distinguer ; leurs sentinelles se confondent avec les arbres, et les fusils dépolis n'ont que des reflets discrets.

La démolition du mur qui fermait le parc de la Maison-Blanche dura près de quatre heures ; enfin, grâce à un renfort d'ouvriers que le génie dut fournir, il put être entièrement abattu. Vers deux heures, après avoir fait une ample provision de choux de Bruxelles gelés, dont les champs étaient encore couverts, nous remontons sur le plateau, enchantés de notre expédition et mourant de faim.

Les vivres, heureusement, ne manquent pas, et nous buvons à nos lauriers.

L'*Officiel* du lendemain rendait compte de notre expédition dans les termes suivants : « Sur l'ordre du général Vinoy, trois bataillons de garde mobile ont été chargés d'occuper le parc de la Maison-Blanche, pour renverser le mur crénelé qui le ferme au sud-ouest.

« L'opération, conduite par le colonel Valette, a parfaitement réussi. Nos troupes ont chassé du parc un bataillon du 106ᵉ régiment, 6ᵉ saxon, qui s'y était établi. On a fait six prisonniers. La démolition complète du mur ôte à l'ennemi toute possibilité de s'y abriter pour inquiéter nos postes. »

Quelques jours plus tard, le colonel recevait la croix de commandeur.

CHAPITRE VI

BOMBARDEMENT

27 décembre. — Nous dormions paisiblement quand une forte détonation nous a réveillés brusquement. Nous sommes aussitôt sur pied, pensant que nos canonniers essayaient leurs pièces, et nous sortons. A peine avions-nous passé la porte de notre réduit, que nous entendons sur nos têtes le bruissement strident d'un obus, qui éclate à peu de distance. D'autres le suivent d'instant en instant. C'était le prélude du bombardement; il devait durer trente jours. Nos hommes n'eurent à le subir que quarante-huit heures; mais ces heures-là semblèrent bien longues, même aux vieux soldats.

La mise en scène était lugubre et bien accommodée au drame auquel nous allions assister. Le ciel était sombre; il avait neigé la nuit et la terre était blanche; le froid était vif. Lorsqu'on a ainsi passé deux journées face à face avec la mort, on ne l'oublie jamais.

Dès que nous sommes fixés sur les desseins de l'ennemi, le colonel expédie des ordres pour mettre les hommes à l'abri des projectiles qui labouraient le plateau. L'autorité supérieure n'ayant pu être encore prévenue, il fallait prendre au plus vite des mesures pour éviter de grandes pertes. Chaque compagnie reçoit son poste : les unes doivent occuper les tranchées sur tout le pourtour du plateau; les autres sont rangées derrière les murs, à peu près défilées des obus. Elles devaient rester jusqu'à la nuit du lendemain dans ces positions; c'est là que les cuisines sont installées.

Il m'a été permis d'assister à chacune des péripéties de ce bombardement; j'ai accompagné notre colonel dans toutes ses tournées, et tout ce que j'écris ici, je puis dire encore : je l'ai vu. Sans doute, bien des détails m'ont échappé, mais je crois avoir pu suivre toutes les phases de cette effroyable canonnade.

Au premier moment, une certaine émotion, bien naturelle sans doute chez des conscrits, se manifesta parmi nos troupes. Les hommes avaient été surpris par cette avalanche d'obus qui se succédaient sans intervalle, éclatant autour d'eux. Mais l'étonnement fut de courte durée; chacun reprit bientôt sa place, et l'on attendit patiemment la fin de l'orage.

J'ai dit quelle avait été dès le début la violence du bombardement. Une heure s'était à peine écoulée depuis que les premiers obus étaient tombés sur nous, que l'on comptait déjà de nombreux blessés. Une ambulance avait été improvisée dans une maison que sa position rendait plus sûre, et l'on y amenait les malheureux dont les blessures étaient horribles à voir. On sait que rien n'est affreux comme les plaies produites par les éclats d'obus. En quelques heures l'ambulance était déjà remplie.

Le bombardement poursuivait son œuvre; mais l'heure du déjeuner étant arrivée, nous rentrons dans notre maison, et nous nous décidons à faire honneur au modeste repas que notre cuisinier nous avait préparé. Pendant ce déjeuner, un gros éclat vint s'enfoncer dans notre mur et cassa nos carreaux; c'était un avertisement que l'ennemi nous adressait, mais nous n'en

9.

tenons pas compte, et le repas s'acheva sans encombre.

Vers midi, le feu cessa presque tout à coup; c'était l'heure de la soupe prussienne. L'ennemi nous accorda ainsi une heure de répit, dont nous profitâmes pour faire transporter les blessés et les morts à Rosny, où les ambulances parisiennes avaient envoyé leurs voitures.

A une heure, le feu reprend avec son intensité première. Je sors avec le colonel pour aller visiter les tranchées; on vient d'ailleurs de nous annoncer qu'il est arrivé un grand malheur au sixième bataillon. Nous commençons à parcourir le plateau, tout labouré par les obus; j'avoue que cette promenade m'a semblé longue, mais le danger lui-même a son attrait, et j'en profitai pour me rendre un compte exact de tout ce qui s'était passé depuis le matin.

Le spectacle qui s'offre à nos yeux est saisissant. De tous côtés, les maisons du plateau, qu'occupaient les officiers ou les hommes, se sont effondrées sous les obus; les parois sont éventrées, les murs qui servaient d'abri à nos troupes sont crevassés en maints endroits, les arbres sont fauchés: on dirait que la grêle a passé par là, coupant et broyant sous son passage tous les obstacles. Dans la terre, d'énormes trous noirs et semblables à un sillon, marquent les points où le projectile est tombé, lançant autour de lui des éclats et des pierres. Les tranchées sont écrêtées, et les travaux que l'artillerie avaient faits pour ses canons ont disparu sous la trombe du feu qui passait.

Nous poursuivons notre tournée; à chaque instant le sifflement des obus qui se croisent sur nos têtes nous avertit que les Prussiens nous guettent. Les projectiles éclatent autour de nous, et l'un d'eux fit sauter une partie du mur derrière lequel nous nous étions abrités un instant, après avoir traversé un espace entièrement découvert. Nous passons ainsi devant la maison qu'occupait le général d'Hugues, et qui servait d'objectif aux batteries prussiennes. Sans doute, l'ennemi a été averti par des déserteurs de sa position précise, car, de trois points différents, les obus tombent auprès d'elle. Le toit est déjà par terre. Le général s'est retiré devant l'insistance prussienne, et dut passer la plus grande partie de la journée derrière une maison plus basse, sur un fauteuil enlevé aux décombres. Il faisait grand froid, et la vue de ce vieux général en cheveux blancs, entouré de son état-major et assistant impassible à ces scènes d'horreur, me fit une vive impression.

Nous arrivons enfin au cantonnement du 6ᵉ bataillon. Là un spectacle horrible s'offre à nos regards. Le commandant du bataillon, l'aumônier, plusieurs officiers et un sergent étaient réunis dans une petite maison située presque à la lisière du bois, et précisément en face des batteries de Gagny. Dès le matin, on avait pu remarquer que l'ennemi avait dirigé son tir sur cette habitation, et les projectiles qui tombaient sans relâche avaient dû avertir le commandant qu'elle servait de cible aux artilleurs. Située à moins de 2,000 mètres, elle devait tôt ou tard être atteinte, et la plus vulgaire prudence commandait de l'abandonner. Hélas! il n'en avait pas été ainsi. Le chef de bataillon qui l'occupait avec son adjudant-major avait voulu y rester pour déjeuner.

A peine étaient-ils à table, qu'un obus arrivait sur l'angle du mur; il avait traversé la paroi et était venu éclater sous la table. La pièce où se tenaient les officiers était entièrement bouleversée, l'explosion avait projeté à une grande distance les meubles et les pierres. On y entrait par le trou béant ouvert dans le mur. Trois officiers, l'adjudant-major, un capitaine et un sous-lieutenant avaient été tués sur le coup ; ils étaient là, renversés au milieu des décombres. Les corps broyés par les éclats conservaient une lointaine et hideuse ressemblance avec la forme humaine ; on eût dit qu'ils avaient été hachés à loisir par un meurtrier. Le sergent était assis et appuyé contre le mur : son crâne avait été coupé avec une merveilleuse netteté un peu au-dessus des yeux, et sa cervelle avait jailli sur la paroi blanche ; il semblait dormir. L'aumônier avait, lui aussi, été atteint à la tête, il mourut deux heures après. Quant au commandant et à l'officier payeur, qui devaient seuls échapper au carnage, ils étaient grièvement blessés ; on venait de les enlever. J'ai recueilli de ce dernier quelques détails sur ce douloureux événement. Il se rappelait ses impressions au moment où le projectile avait éclaté. « Je n'ai rien vu, rien entendu, disait-il, mais je me suis senti renversé, et j'ai eu le temps de penser que c'en était fini de moi. »

La vue de ces décombres sanglants et de ces membres arrachés produisit en nous une émotion profonde, et, regardant ce qui restait de ce hommes, tous jeunes encore, nous avions oublié que les obus continuaient à pleuvoir autour de nous.

Nous achevons notre excursion et nous visitons les batteries. Une d'elles, composée de pièces de 4, est établie sur la route qui couronne la crête et le long de laquelle court la tranchée qui protége nos hommes. Les artilleurs n'ont pas cessé depuis le matin de répondre aux pièces ennemies dont ils sont séparés par dix-huit cents mètres. Vers deux heures, ils suspendent leur feu. Les munitions ne peuvent plus arriver et les caissons sont presque vides. Comme l'on craint une attaque, il est nécessaire de conserver quelques gargousses.

Suivant toujours la route, déjà labourée par les obus, nous atteignons la batterie de pièces de 7 établie par le corps Pothier, en face du Raincy. Celle-là a bravement fait son devoir, mais elle est déjà éteinte. Presque tous les artilleurs ont été tués ou blessés. Les canons sont démontés, les affûts brisés jonchent la terre auprès des pièces désormais muettes. Peu de choses, pendant cette longue guerre, m'ont paru aussi tristes que ces canons réduits à l'impuissance, et dont la bouche noircie menace encore l'ennemi. C'est ainsi qu'on voit sur le champ de bataille un vieux soldat blessé, qui se relève sur le bras que la mitraille a épargné, et jette encore, à défaut de balles, un regard de haine sur les masses victorieuses. Comme les hommes, les canons aussi ont leur destinée et leur trépas.

C'est sur ce point, dominé de trois côtés, qu'a porté tout l'effort de l'artillerie saxonne. Le sol est littéralement défoncé par les obus, et d'énormes crevasses noires profondément creusées dans les épaulements témoignent des progrès du tir.

A quelques mètres plus loin nous rencontrons la carcasse sanglante d'un cheval. Il était derrière l'épaulement, quand un obus l'avait abattu; aussitôt les hommes s'étaient jetés sur lui et l'avaient dépecé en un instant; à peine les os étaient restés. Je ramassai à cette place un gros culot qui m'avait effleuré et que je pus retrouver quand il s'arrêta.

Au delà de la batterie, la tranchée passe au milieu d'un petit bois; elle est entièrement garnie d'un cordon de moblots grelottants. Ils sont là depuis le matin, et cherchent par des causeries animées à tromper le froid; il a été défendu de faire du feu, et il ne leur reste d'autre ressource que de battre la semelle dans l'étroite limite assignée à chacun d'eux.

Enfin nous rentrons dans notre campement. Là, les désastres sont nombreux ; pendant notre absence le tir de l'ennemi ne s'est pas un instant ralenti, et ses ravages sont gravés sur la pierre. Presque toutes les maisons qu'occupaient les officiers gisent à terre ; la chambre dont notre aumônier avait fait sa chapelle a été traversée par un obus. Vers cinq heures, il restait peu de traces du village qui fut Beauséjour ; les obus de 80 centimètres que nous envoyaient les canons Krupp avaient eu bien vite raison de ces plâtras.

Dès que le jour commence à tomber, les Prussiens nous accordent une nouvelle trêve. C'est l'heure du dîner, et nous en profitons pour suivre leur exemple. Les cuisiniers transportent la soupe dans les tranchées. Mais le repas est bien vite expédié, et le colonel envoie des ordres à toutes les compagnies et aux grand'gardes. C'est le moment de redoubler de surveillance. L'ennemi doit avoir quelque projet sur nous.

Cette avalanche d'obus, auprès de laquelle, disaient nos officiers, le bombardement de Sébastopol était peu de chose, doit, pense-t-on, précéder un assaut. C'est du moins l'indice commun d'une tentative de ce genre. Mais nous faisons bonne garde; nous avons des mitrailleuses aux points où les pentes plus douces pourraient favoriser l'assaut. L'ennemi ne se montra pas, et ses batteries, après quelques décharges isolées, se turent tout à fait. Alors nous comptons nos pertes. Sur le plateau, il y a eu environ 150 hommes tués ou blessés; on s'occupe de les transporter à Rosny.

La nuit est arrivée. Un grand silence succède à ce vacarme qui durait depuis dix heures. Rien de plus saisissant que ce contraste, auquel l'obscurité ajoute encore ses teintes lugubres. Lorsque, après une journée de combat, le calme est revenu, il se produit chez l'homme une sensation de grand bien-être; à l'excitation de la bataille succède une sorte d'apaisement moral. On se prend à respirer plus fort, les nerfs tendus se relâchent; enfin, on se sent vivre avec bonheur.

Nos hommes doivent passer la nuit dans la tranchée, mais on a promis une distribution de thé et de chocolat. Le thé seul arrive à dix heures, dans un tonneau, et encore fût-il parcimonieusement distribué. Nous reprenons alors notre tournée du jour. La nuit est claire et le froid vif ; les moblots sont sortis des tranchées où ils s'étaient blottis, et marchent pour réchauffer leurs membres engourdis. On a renouvelé la défense d'allumer du feu, pour ne pas révéler nos positions, et la promenade est le meilleur remède contre les rigueurs de l'hiver. Quelques-uns se sont roulés dans leurs couvertures et dorment paisiblement.

L'ennemi, au contraire, s'est écarté pour la première fois du système qu'il suivait toujours. Il a allumé de grands brasiers sur les hauteurs du Raincy. C'est sans doute pour nous montrer qu'il est en force et nous narguer encore, mais cette provocation nous laisse froids.

Vers minuit, notre tournée est terminée ; nous rentrons dans notre maison, qui a jusqu'ici défié tous les efforts de l'artillerie prussienne, et nous nous préparons, par quelques heures de sommeil, aux fatigues de la seconde journée.

28. — Aux premières lueurs du jour, le feu de l'ennemi recommence avec une nouvelle intensité. Mais nos canons restent muets. Il a été décidé qu'on n'userait plus de munitions à répondre à la formidable artillerie qu'abritent des casemates

solides. Aussi nos petites pièces ont-elles été, pendant la nuit, retirées des épaulements où elles étaient la veille, et les artilleurs sont descendus. D'ailleurs, le bruit se répand que l'ordre d'évacuer le plateau est arrivé; déjà même l'infanterie de marine a abandonné ses tranchées.

La matinée se passe ainsi; nos hommes ont enfin obtenu la permission d'allumer quelques brindilles et ils se réchauffent du mieux qu'ils peuvent. Le bombardement continue; cependant nous remarquons que l'ennemi a allongé son tir et que les obus passent plus souvent que la veille sur nos têtes, en destination de Rosny.

Vers midi nous rentrons dans notre maison qui est encore debout, et après avoir déjeuné au milieu des projectiles qui pleuvent autour d'elle, je pars avec le colonel pour une nouvelle tournée. Nous parcourons les tranchées. Les hommes qui y ont passé la nuit en plein air sont glacés; ils reprennent courage en apprenant qu'on doit les relever. Plusieurs cas de congélation se sont produits chez ceux qui, n'ayant pu résister au sommeil, se sont couchés sur la terre; ceux qui ont marché pendant la nuit ont pu, au contraire, échapper aux cruelles atteintes du froid. La soupe du matin n'a pas été faite, on a fait seulement une distribution de saucissons et conserves en très-petite quantité; les hommes déjeunent avec le biscuit dont les sacs étaient garnis. Jouet des heures oisives, ou ressource extrême contre la faim, le biscuit est surtout apprécié lorsqu'on n'a rien autre chose.

Nous descendons à Neuilly-Plaisance, petit village situé à la droite du plateau et à peu de distance de la Marne. C'est là que le général d'Hugues s'est installé avec son état-major. Nos hommes y trouveront un abri pour la nuit suivante, et peut-être quelques heures de repos.

Pendant notre excursion, nous rencontrons le général Trochu. Accompagné seulement de son chef d'état-major, le gouverneur est venu se rendre compte par lui-même de ce bombardement qui avait si vivement impressionné Paris. Il s'agit d'examiner les positions et de décider si l'on pourra tenir encore sous le feu plongeant des batteries prussiennes. Le général Vinoy est avec lui, et notre colonel les escorte. Le petit groupe galonné prend le chemin qui borde la crête et suit la tranchée.

Les Prussiens, dont les longues-vues sont bonnes, remarquent bientôt qu'il s'est offert à leurs coups un plus gros gibier, et chaque fois qu'un képi doré apparaît au-dessus du talus, une salve prussienne accueille cette manifestation. Mais si l'ennemi a des intentions évidemment malveillantes contre le général, la bonne volonté des artilleurs est trahie par leur adresse, et le tir redoublé des pièces ne cause aucun dommage dans l'escorte du général. Quelques-uns de ceux qui le suivaient s'étaient contentés de saluer les projectiles à leur passage.

La promenade dura longtemps, et le général, vers trois heures, donna l'ordre d'évacuer définitivement la tranchée. On attendra seulement pour descendre du plateau que la nuit soit tombée.

Pendant que les événements qui se suivent rapidement sous ma plume s'étaient passés, c'est-à-dire depuis la veille, il s'était fait autour de nous un certain mouvement de troupes. On nous a envoyé des renforts pour le cas où l'ennemi entreprendrait d'attaquer le plateau autrement qu'avec du canon. Toute une division arrivée pendant la nuit est campée sur le revers du coteau qui fait face à la Marne, à peu près à l'abri du bombardement. Il y a là des zouaves et des lignards accourus pour nous prêter main-forte. Ils ont fait de grands feux sur le bord de la route, et la marmite bout au milieu du cercle que le froid resserre.

Nous retrouvons encore là nos compagnons de l'infanterie de marine qui avaient abandonné le plateau. Les hommes étaient descendus le matin, et se sont installés dans les immenses carrières dont j'ai déjà parlé. Nos bataillons doivent les remplacer pour y passer la nuit prochaine. Après avoir trouvé pour nous-mêmes une maison sans fenêtres, nous remontons sur le plateau.

Pendant notre courte absence, le bombardement ne s'est pas ralenti. Six mille obus, au dire du rapport officiel, ont déjà passé sur nos têtes, ou éclaté au milieu de nous. Les victimes sont cependant moins nombreuses que la veille. L'expérience d'une journée, où chaque heure est si remplie, a déjà appris à nos hommes les moyens de se garantir davantage. Cependant les pertes sont surtout sensibles dans notre régiment. Ainsi, un obus est arrivé sous une tente, dans le campement du 8ᵉ bataillon; six hommes y étaient assis. Le projectile, éclatant dans la terre, les a jetés en l'air. Cinq ont été broyés sur le coup, et le sixième est enterré; ses jambes seules sortent de terre.

Au moment où quelques camarades accourus à la hâte et malgré le danger s'efforcent de le dégager, sans savoir cependant s'il n'a pas eu le même sort que les autres, un second projectile vient tomber exactement à la même place et couvre de terre tous les hommes, sans les atteindre heureusement. Enfin on parvient à arracher ce malheureux de sa fosse, il n'était que fortement meurtri.

Dans la tranchée du septième bataillon, un capitaine a été contusionné par deux éclats. Sur un autre point, une dame des ambulances était auprès de son mari, officier dans la mobile; un obus était tombé sur leur maisonnette et lui avait coupé la lèvre.

Enfin notre promenade s'est terminée sans encombre; les obus ont passé près de nous, mais il est facile au bout de quelques heures de les éviter. Lorsqu'on a vu le feu de la batterie prussienne, on peut apprécier exactement la direction que prendra le projectile, et le sifflement plus ou moins strident du voyageur vient bientôt apprendre si les calculs étaient justes.

Vers cinq heures, la nuit tombant, le silence

succède à la tempête, et l'on donne l'ordre de se préparer pour le départ. Enfin, à six heures, le mouvement commence; les compagnies de mobiles de la Seine descendent à mesure que les Bretons arrivent pour les relever. De notre côté nous empilons nos bagages sur des véhicules de tout genre. Nos paillasses trônent sur une carriole abandonnée dans les décombres, et on les traîne à bras jusqu'à notre nouveau campement.

Notre rôle était donc joué dans ce drame qui avait duré deux longues journées, et nous avions relativement peu souffert du feu. Le bombardement terrible que nous avions essuyé avait produit peu d'effets, si on compare le chiffre des victimes au nombre considérable de projectiles qui nous étaient adressés. Le but de l'ennemi n'était sans doute pas de nous infliger de grandes pertes; là, comme il allait bientôt faire pour Paris, il procédait par intimidation. Le bombardement, dont l'influence sur le moral des troupes est presque toujours efficace, avait pour but de nous obliger à évacuer le plateau qui avait tant gêné l'armée prussienne. Sur ce point, il devait fatalement réussir. N'ayant pas de batteries solides pour répondre aux batteries saxonnes, c'était pour nous une affaire de temps; et le froid devait se joindre aux obus prussiens pour nous chasser d'Avron. Une nouvelle nuit de tranchée, quelle que fût l'abnégation de nos hommes, les aurait trop éprouvés. Tout se réunissait donc pour nous forcer au départ.

Toutefois, ce n'était pas surtout devant les batteries ennemies, c'était aussi devant le froid et la fatigue que nous battions en retraite. Il fallait craindre la congélation, plus terrible qu'une blessure, et il s'était déjà déclaré trop de cas de cette affreuse maladie, qui défie les efforts de la science.

Ce que je dis ici est absolument certain, et j'ai pu me convaincre par moi-même que l'artillerie prussienne est bien moins dangereuse et perfectionnée qu'on se plaisait d'abord à le croire. On sait que leurs obus sont à percussion : eh bien, d'après une statistique que j'ai basée moi-même sur des renseignements certains, et sur les résultats que j'ai pu constater à Avron, Rosny et Montreuil qui ont été bombardés en même temps, j'ai constaté que les longues portées, dont on s'effrayait tant d'abord, étaient presque une garantie contre le danger. Ainsi, j'ai pu dresser la table proportionnelle suivante :

A 2000 mètres 8 obus sur 10 éclatent.
A 4000 — 5 — 10 —
A 6000 — 3 — 10 —

Cet écart s'explique facilement quand on a compris le système adopté par l'artillerie prussienne, et imposé par le mode de chargement. Il tient à ce que, pendant le parcours de la trajectoire, l'obus prussien, dont le culot est très-lourd, tend à se redresser. A peu de distance, la force originaire obvie à cet inconvénient; mais aux longues portées, l'action de la pesanteur est assez forte pour vaincre l'impulsion donnée par la poudre, et alors l'obus, en tombant, porte sur le culot, ce qui le rend absolument inoffensif. Le système français à cheminement est meilleur, puisqu'il fait que tôt ou tard, et malgré la distance, l'obus éclate dans toutes les positions.

Cette observation sur les résultats minimes produits par le bombardement ne m'empêche cependant pas de reconnaître qu'il était dangereux de rester plus longtemps dans la tranchée. L'insuffisance des travaux aurait bientôt rendu la position intenable. Il a été sage au général Trochu de ne pas céder à la crainte de susciter une grande émotion dans Paris, en avouant notre retraite.

D'ailleurs les Prussiens avaient établi trois batteries casematées, protégées contre nos pièces, et dont les feux convergeaient. L'une était au Raincy, à dix-huit cents mètres de nos lignes ; l'autre à Gagny ; la troisième en avant de Chelles : elles labouraient littéralement le plateau. Tôt ou tard les terrassements qui nous abritaient auraient été détruits. Les murs derrière lesquels nos compagnies s'étaient réfugiées auraient été renversés ; dès le second jour ils étaient ouverts en un grand nombre d'endroits, et ils n'auraient pu être d'aucun secours aux troupes qui nous auraient relayés.

Toutes ces raisons avaient donc déterminé le général Trochu. Nos hommes avaient fait preuve d'une abnégation qui touche de près à l'héroïsme : l'honneur était sauf. J'ai déjà exprimé plus haut mon sentiment sur les travaux que le génie avait dirigés ; mais le regret du passé est stérile, si l'expérience n'en est le fruit.

Pendant que ces événements, dont je fus le spectateur, se succédaient sur le plateau, d'autres incidents intéressants se produisaient à Villemonble, où nos grand'gardes étaient restées pendant trois jours. Il n'avait pas été possible de les relever, la route du Raincy étant entièrement découverte et exposée au feu plongeant d'une batterie prussienne. Elles s'étaient donc installées dans les maisons, toutes prêtes à une énergique résistance, si l'attaque que nous redoutions pour le plateau s'était effectuée.

J'ai dit que la première compagnie du septième bataillon occupait l'entrée de la rue qui conduit du Raincy à Villemonble, à quelques centaines de mètres seulement des canons de l'ennemi. La maison où les hommes s'étaient renfermés était bien connue des Prussiens; elle ne tarda pas à devenir un but facile pour leurs pointeurs, et plusieurs obus tombèrent sur elle, sans faire de victimes cependant. Mais le feu ne cessant pas, la situation devenait critique, il était nécessaire de prendre une détermination. D'un autre côté, il avait été défendu d'abandonner les postes; alors le capitaine de la compagnie, M. de Rivoire, dont le dévouement et l'intelligence, déjà éprouvées, furent en cette circonstance au-dessus de tout éloge, conçut un mouvement des plus heureux. Il porta toute sa compagnie en avant.

Cette manœuvre simple autant qu'habile obtint un succès complet, car elle trompa l'ennemi.

Persuadés que nos postes avaient reculé, les artilleurs prussiens allongèrent leur tir, et firent pleuvoir leurs obus sur les maisons qui se trouvaient plus loin. Ils ne soupçonnèrent pas la position nouvelle de notre grand'garde ; et pendant les deux jours du bombardement, nos hommes ne furent plus inquiétés que par une reconnaissance prussienne qui s'enfuit après quelques coups de fusil.

Cette attaque ne se reproduisit pas ; d'ailleurs on faisait bonne garde, et l'on dormait la main sur le fusil. Il ne manqua que des vivres ; il fallut y suppléer par le biscuit dont les sacs étaient garnis. La compagnie fut relevée le 28, vers neuf heures du soir, dès que l'évacuation du plateau fut complète.

A quelques pas de là une autre scène se passait en même temps. La première compagnie du huitième bataillon était, elle aussi, de grand'garde, et occupait un des côtés de la grande rue de Villemonble, à peu de distance de son intersection avec la route du Raincy. Pendant la nuit du bombardement, les Prussiens, qui avaient sans doute préparé une surprise, mais dont la bonne volonté devait être trahie par la lenteur nationale, avaient porté leurs avant-postes bien plus avant qu'ils n'avaient coutume de faire. Ils avaient envahi le château Papin, situé de l'autre côté de la rue, et fermé par une grille. Cinquante mètres à peine séparaient les sentinelles.

Dès que ce mouvement offensif eut été reconnu, le capitaine de la compagnie, M. Beaugendre, ancien capitaine de ligne, s'empressa, lui aussi, de se porter en avant, pour contrecarrer le plan prussien. La fusillade s'engagea dans l'obscurité; l'ennemi tirait par les fenêtres, et, grâce à sa position, aurait sans doute pu se maintenir, quand tout à coup le capitaine s'écrie : « Sixième, septième et huitième bataillons de la Seine, mitrailleuses en avant. » Il n'en fallut pas davantage pour faire cesser toute résistance, l'ennemi délogea immédiatement, et la compagnie prit sa place. Elle avait eu quelques blessés, un homme tué et un disparu. Elle passa la nuit du bombardement dans sa nouvelle position et fut relevée avec celle du septième bataillon.

CHAPITRE VII

NEUILLY-PLAISANCE. — VINCENNES. — CHARENTON. — NEUILLY

J'ai laissé notre régiment au moment où il arrivait à Neuilly-Plaisance. Les trois bataillons s'engouffrent dans les carrières abandonnées, mais à demi remplies encore de madriers et de wagons. Il y avait là une locomotive pour compléter le tableau.

L'installation est rapide. Un campement de Bohémiens pourrait seul donner l'idée de cette merveilleuse faculté qu'a le soldat français de se trouver bientôt à l'aise partout où on l'a parqué. Nos hommes sont arrivés depuis un quart d'heure à peine, et à les voir vaquer aux occupations ordinaires, on dirait qu'ils ont toujours été dans cet endroit. L'inventaire est fait en un clin d'œil; chacun choisit son gîte, et voilà le domicile créé. L'ordre de départ survient : aussitôt le troupier fait rentrer dans son sac tout l'attirail de campagne, roule sa couverture, la reboucle et part, tout prêt à transporter ses pénates errantes dans une autre patrie. Nos moblots avaient pris avec la capote cette aisance toute française.

Les compagnies avaient à peine reçu leurs places respectives, aussitôt les hommes ramassent du bois, allument de grands feux ; les uns se couchent et dorment, les autres se rangent autour du foyer et causent ou mangent. Car il ne faut pas oublier qu'on mange partout et toujours dans la mobile ; si les provisions sont épuisées, on recourt au biscuit. Et nous étions là depuis quelques minutes.

Je n'ai jamais rien vu d'aussi étrange que le coup d'œil qu'offraient ces carrières envahies. C'était un décor d'opéra. Qu'on se figure des cavernes sombres où l'œil se perd ; çà et là brillent de grands feux. La fumée qui s'élève a produit un nuage sous lequel les parois disparaissent ; on dirait un voile qui flotte sur la scène. Les hommes, debout ou couchés autour du brasier, les uns éclairés en rouge par la flamme, les autres se détachant en noir sur le fond lumineux ; enfin les fusils qui étincèlent, et le tumulte de mille voix qui se croisent : c'était un tableau comme il n'en a été donné d'entrevoir, dans leur songes, qu'à ces peintres espagnols qui ont peint des haltes de bandits.

Deux heures à peine s'étaient écoulées depuis l'arrivée ; l'atmosphère, déjà lourde, s'était épaissie ; le silence et le sommeil commençaient à s'étendre sur la foule naguère bruyante, quand un nouvel ordre survient. Il faut partir de suite pour un nouveau cantonnement. On craint, si l'on attend le jour, que les Prussiens ne contrarient la retraite. Chacun se réveille et se lève, le sac est bientôt fait. Il est deux heures du matin quand nous quittons les carrières pour aller à Vincennes. Quel que fût le charme du tableau pour les spectateurs, je suis sûr que le mot fameux d'un philosophe ancien : « Qu'on me ramène aux carrières ! » n'a pas été prononcé cette nuit-là, et l'on sait que ce qui manquait le moins dans nos rangs, c'étaient les érudits.

La route est longue ; les bagages, quoique bien allégés encore, suivent à grand'-peine. Je pousse la voiture où sont les nôtres. Enfin, nous arrivons vers dix heures du matin, et par un froid atroce, au camp de Vincennes, où nous devons attendre de nouveaux ordres.

Bientôt le général nous rejoint; il annonce que nous devons remplacer les chasseurs à pied, dans les baraques en bois qu'on a élevées à Saint-Maur. Mais ces baraques, désertes depuis longtemps, car les chasseurs étaient peu nombreux, sont absolument dénuées du mobilier primitif qui est cependant si nécessaire au soldat. D'ailleurs le thermomètre marque 14 degrés de froid, et les baraques ne sont ni chauffées ni closes. Aussi nos hommes, peu satisfaits de cette perspective et fatigués par deux nuits sans sommeil, abandonnent leurs sacs et leurs bagages, et se répandent dans Vincennes, où chacun cherche un lit pour la nuit prochaine. Il n'était resté personne au camp; mais il n'y a pas à redouter de surprise; les avant-postes sont bien en avant de nous. Aussi les cabarets et les restaurants de Vincennes ont-ils repris en un instant leur animation d'autrefois.

L'état-major s'est installé à Fontenay dans une maison abandonnée. Nous sommes en face du châlet de la porte Jaune, restaurant jadis célèbre pour ses festins et de nuptiale mémoire. Hélas! le bruit des verres choqués et des refrains joyeux s'est éteint dès longtemps; aujourd'hui c'est un poste.

Le lac qui l'enveloppe de toutes parts est gelé, et nos troupiers y forment de longues glissades ; les rires suscités par l'infortune de ceux qui tombent ont succédé à ceux des convives d'antan. Toutefois, rien n'était plus gai que la vue de ces capotes bleues qui traçaient dans la neige de longs sillons. Le soir venu, nous nous retrouvons avec plaisir devant une table, et chacun se couche bientôt devant le feu. Je n'ai jamais mieux dormi que cette nuit-là.

Le lendemain matin, un ordre nouveau nous envoie à Charenton. Les préparatifs de départ sont aussitôt faits ; on entasse les sacs des absents dans des voitures, et comme la course n'est pas longue, vers deux heures la brigade tout entière est réunie dans la Grande-Rue de Charenton-le-Pont. C'est là que nous serons définitivement cantonnés. Quelques jours de repos ne seront pas inutiles à nos hommes, beaucoup sont déjà malades. Les rhumes qu'Avron a vu naître ne résisteront certainement pas aux séductions d'un toit et aux charmes d'une pièce chaude.

Nos compagnies occupent les maisons situées à droite de la grande rue qui mène à Saint-Maurice. Quelques restaurants sont encore ouverts, et

Charenton exhibe pour nous les provisions dissimulées depuis longtemps.

Nous logeons place Henri IV. Les meubles sont rares, quelques chaises en fer doivent en tenir lieu. Mais, au moins, nous avons des matelas et de vraies fenêtres. Le bois non plus ne manque pas, nous avons trouvé des bûches; je me vois encore, gourmandant un des Bretons qui nous servait. Ce brave garçon, animé des meilleures intentions, voulait absolument abattre les arbres du jardin pour alimenter nos cheminées. Je ne sais s'il comprit jamais que la nature avait créé les arbres pour une plus noble destinée.

1ᵉʳ *janvier* 1871. — Encore une année qui s'envole, et une nouvelle qui vient. Cet anniversaire, jadis signal de tant de fêtes, nous paraît bien triste. Combien n'ont pas là les êtres chéris, auxquels il était si doux d'adresser les souhaits d'usage; charmant échange dont la banalité périodique est tout le charme. Au moins, si l'année qui commence sous de sombres auspices a pour nous quelques sourires, nous oublierons les souffrances passées. Un jour de joie efface le souvenir de longues peines. Et comme nous sommes jeunes, nous nous prenons à espérer de meilleurs jours, et le succès peut-être. Si les souhaits sincères sont toujours entendus là-haut, ceux-là méritaient bien une récompense, et nous ne demandions que la victoire.

Une permission générale a été donnée aux hommes; chacun s'enfuit vers Paris pour y chercher quelque épave des souvenirs. Nous célébrons la fête entre nous, par un modeste banquet; on sait que chez le soldat tout événement se traduit aussitôt par un festin, et nous n'avions pas voulu manquer à la tradition. Les marrons glacés ont disparu, comme ceux qui les mangeaient; nous les remplaçons par un légume bien rare et plus apprécié surtout, des pommes de terre.

Aucun fait important dans les jours qui suivent. Nos hommes se reposent, et les rhumes, soumis à un meilleur régime, se guérissent rapidement. Charenton est pour nous une nouvelle édition de Neuilly; trois fois par semaine les bataillons vont manœuvrer pendant deux heures sur le terrain de Vincennes; il tombe bien çà et là quelques obus perdus, échappés des batteries prussiennes, mais le mal n'est pas grand, et les exercices suivent leur cours au son de la canonnade qui ne cesse pas. Le service n'a pas d'autres exigences.

Le froid continue à être très-vif; la gelée et la neige se succèdent sans interruption. Comme intermède, nous avons parfois une pluie glacée qui nous fait vivement apprécier les demeures closes, d'où l'on peut, à l'abri des vitres intactes, braver les rigueurs de l'hiver. Le bois de Vincennes, d'ailleurs, a été mis en coupe déréglée pour notre usage, et il nous fournit chaque jour le combustible nécessaire à nos logements.

En dehors du service quotidien, les préoccupations culinaires absorbent la plus grande partie de notre temps. Le danger disparu, l'appétit a repris ses droits, et chacun parcourt les environs, en quête de subsistances, déjà bien rares. Paris lui-même n'est plus pour nous d'aucun secours; à peine y trouve-t-on encore ces pâtés, au contenu complexe, et dont l'analyse chimique aurait eu grand'peine à déterminer les éléments disparates. Charenton, heureusement, a, comme toutes les communes suburbaines, échappé aux réquisitions, et l'on y trouve encore, en cherchant bien, quelques ressources.

Autour de nous, le bombardement n'a pas cessé. Le fort de Nogent reçoit une moyenne de six cents obus par jour. Les détonations se succèdent sans interruption, de seconde en seconde, mais nous sommes à l'abri et nos oreilles sont déjà faites à ce bruit monotone. Il me revient à l'esprit un fort beau vers de Lucrèce, apprécié dans les classes, et qui peint bien notre situation. « Il est doux, dit le poëte, lorsqu'on est loin du danger, d'assister aux épreuves d'autrui. » C'est un peu notre sentiment, ces détonations sourdes et précipitées, depuis que nous sommes à l'abri, sont presque un besoin pour nous; quand on ne les entend plus, il semble que quelque chose nous manque.

A l'intérieur de Paris, les émeutiers n'ont pas renoncé à leurs projets, et nous pouvons, à cause du voisinage de la ville, suivre plus facilement le progrès de leur propagande. Quelques affiches nouvelles, d'un rouge flamboyant, viennent de temps en temps rappeler à la populace que les frères et amis veillent. Ils tentent, dans la dernière que j'ai lue, d'exploiter à leur profit le découragement que l'absence de nouvelles extérieures entretient dans Paris, et accusent ouvertement le gouvernement de trahison. Le gouverneur de Paris, qui n'a pas pris pour lui la devise romaine, parle au lieu d'agir; et tout l'effet de ses paroles est perdu, parce que dès le lendemain les mêmes diatribes sur papier rouge sont revenues souiller les murs de Paris.

L'affiche officielle est ainsi conçue :

Au moment où l'ennemi redouble ses efforts d'intimidation, on cherche à égarer les citoyens de Paris par la tromperie et la calomnie. On exploite contre la défense nos souffrances et nos sacrifices.

Rien ne fera tomber les armes de nos mains. Courage, confiance et patriotisme !

Le gouverneur de Paris ne capitulera pas !

Général Trochu.

Cette proclamation produisit bon effet. Mais ce qui eût été mieux encore, c'était de faire arrêter la compagnie Blanqui-Pyat. Nos hommes trouvaient, avec juste raison, qu'il n'était pas agréable de risquer leur vie pour ces gens-là.

16 janvier. — Une alerte assez sérieuse vient traverser le calme dont nous jouissons depuis quinze jours. Les avant-postes de Créteil et de Maisons-Alfort, qui sont en face de nous, ont averti que les Prussiens s'étaient massés devant eux et semblaient se préparer à une attaque.

Il est neuf heures du soir; immédiatement les ordres sont expédiés et nos bataillons prennent les armes; les compagnies sont descendues dans la grande rue et attendent de nouveaux ordres. Mais onze heures arrivent : l'ennemi, à ce qu'il paraît, n'a voulu faire qu'une démonstration et a repris la route de ses cantonnements. Nos hommes suivent son exemple et rentrent dans leurs maisons. Ils ne devront, c'est l'ordre, dormir que d'un œil, le fusil sous la main et tout prêts à reprendre le sac.

La nuit doit se passer ainsi, aucun incident nouveau ne justifie nos craintes. La sécurité, mère du sommeil, a bientôt repris ses droits les heures s'écoulent paisibles, et chacun s'endort profondément. Pour moi, j'attendis jusqu'au lendemain matin chez le général d'Hugues ; le télégraphe resta muet.

Nous n'avons jamais su quel événement avait pu troubler les gardes nationaux dans leur sommeil.

17 janvier. — Notre quiétude est définitivement troublée par un ordre de départ. Nous devons quitter Charenton pour une destination inconnue. Les préparatifs se font rapidement, et à quatre heures du soir notre régiment est réuni à la gare du chemin de fer de ceinture; c'est là seulement que nous apprenons notre destination nouvelle.

Nous avons l'ordre de rentrer à Neuilly, que nous abandonnions trois mois auparavant ; nous avions fait le tour de Paris.

Nos hommes s'empilent dans les wagons; sacs, fusils, sabres, tout a dû entrer dans les compartiments, et après deux grandes heures de route, ils arrivent à la station de Courcelles, où est le lieu de réunion.

J'étais chargé de préparer les logements sur l'avenue de Neuilly. Parti à cheval après tous nos bataillons, je traverse Paris. De grands mouvements de troupes y avaient eu lieu dans la journée; on avait concentré dans les Champs-Élysées une masse considérable de gardes nationaux, chez lesquels l'ardeur remplaçait la discipline; c'était, assure-t-on, un beau spectacle que celui des soldats-citoyens défilant, drapeaux déployés et musique en tête. Les soldats de ligne avaient moins bruyamment, et plus en ordre, passé par la porte Maillot. De toutes parts on s'attendait à un grand combat, mais le secret avait été bien gardé cette fois. Personne ne soupçonnait le point sur lequel l'attaque devait avoir lieu.

Arrivé à Neuilly vers neuf heures du soir, je parvins, après de longues investigations, et au milieu de l'obscurité la plus profonde, à rencontrer, à défaut de maire, un conseiller municipal fort obligeant, qui se mit aussitôt à ma disposition. Personne n'avait été prévenu de notre arrivée. Toutes les maisons de l'avenue étaient closes, et il fallut chercher un serrurier qui les ouvrît. Le régiment était arrivé pendant ces allées et venues, les hommes attendaient sur la chaussée ou assis sur les tas de cailloux. Enfin, vers minuit, il fut possible de leur donner un gîte pour la nuit ; les compagnies du 7ᵉ bataillon reçurent l'ordre de rentrer dans leurs anciens cantonnements.

Il était plus d'une heure quand l'installation fut terminée, et je songeai à prendre quelques instants de repos. La course de huit heures que je venais de fournir m'en faisait d'avance apprécier toute l'utilité, et il me fallait encore loger mon cheval. Mais toutes les écuries avaient été envahies par la gendarmerie, et ce ne fut qu'après avoir vainement parcouru toute la ville que je parvins à trouver un logement. C'était le hangar d'un ancien loueur de voitures, depuis longtemps inoccupé. Enfoncer la porte fut l'affaire d'un instant, et, après avoir bouchonné mon cheval, je pus m'endormir auprès de lui sur le pavé, dans un appentis ouvert à tous les vents.

Je ne compterai pas cette nuit parmi mes meilleures. Il faisait grand froid et je n'avais pas de couverture. Aussi, dès que le jour parut, j'étais sur pied et gelé. D'ailleurs le bombardement qui avait toute la nuit redoublé d'intensité aurait suffi à me tenir en éveil.

Notre colonel est installé sur l'avenue de Neuilly, au milieu des bataillons qui forment sa nouvelle brigade. Les Bretons étaient partis après nous; ils arrivèrent bientôt. On nous adjoint encore quatre bataillons bariolés de la garde nationale, qui forment un régiment commandé par le lieutenant-colonel Regnauld. La nouvelle brigade compte environ dix mille hommes.

La journée se passe en préparatifs. Heureusement pour nous, un camarade, qui habitait une fort jolie maison à Saint-James, nous offre l'hospitalité, et nous pouvons, grâce à lui, faire deux vrais repas. Nous avions oublié la veille qu'il était l'heure du dîner.

A chaque instant de nouvelles troupes défilent sur le pont de Neuilly. L'artillerie arrive à son tour, et pendant plusieurs heures nous pouvons voir passer les pièces de sept toutes neuves qui se dirigent sur Courbevoie. Nous ne soupçonnons cependant pas quel doit être le théâtre et l'objectif de la grande sortie qu'on annonce pour le lendemain. Le secret n'a pas été trahi encore, aucune indiscrétion ne nous a révélé les plans du général en chef, nous savons seulement que l'action s'engagera sous le feu du Mont-Valérien.

Autour de nous, les gardes nationaux de marche forment des groupes animés où l'on cause bruyamment. Tous sont pleins d'espoir ; enfin, la sortie *torrentielle* tant espérée ne se fera plus attendre; le gouvernement qui semblait mettre en suspicion leur valeur, quoiqu'il leur dût tant, se décide à les employer. Demain on verra la gloire du soldat citoyen. Une épreuve décisive consacrera pour jamais la supériorité des milices nationales sur les troupes régulières. Qu'importe, disaient-ils, une discipline mesquine et étroite, quand tous les cœurs battent pour une si grande pensée.

11.

Nos voisins se grisent vite avec leurs paroles, quelques petits verres ajoutent encore à l'enthousiasme, et bientôt nul d'entre eux ne doute que la vue seule des capotes vert billard, dont leur bataillon est affublé, ne suffise à mettre immédiatement en déroute toute l'armée de Guillaume. Certains se demandent si leurs souliers les mèneront jusqu'à Berlin ; mais n'en ont-ils pas une paire de rechange ?

Vers six heures, par les soins du gouvernement de Paris on nous envoie la proclamation suivante adressée à la garde nationale. Le gouverneur sait que nos hommes n'ont pas besoin de phrases pour marcher à son appel.

Citoyens,

L'ennemi tue nos femmes et nos enfants, il nous bombarde jour et nuit, il couvre d'obus nos hôpitaux. Un cri : aux armes ! est sorti de toutes les poitrines.

Ceux d'entre vous qui peuvent donner leur vie sur le champ de bataille, marcheront à l'ennemi ; ceux qui restent, jaloux de se montrer dignes de l'héroïsme de leurs frères, accepteront au besoin les plus durs sacrifices comme un autre moyen de se dévouer pour la patrie.

Je ne commente pas cette proclamation, qui d'ailleurs ne nous était point adressée. Mais la population parisienne, dont elle devait enflammer le patriotisme, avait aussitôt remarqué qu'il y manquait quelque chose, qu'on lit en général entre les lignes et derrière les mots. C'était cette confiance ardente, indicible, compagne et gage des grands succès, qui prête aux soldats le courage et aux chefs le génie; qui donne au citoyen paisible une héroïque et nécessaire abnégation; qui, réunissant toutes les pensées en une seule : celle de la victoire, fait de tout un peuple une grande armée.

Il y manquait le souffle de l'espérance.

Toutefois, ces réflexions que m'a suggérées une seconde lecture, ne passent pas aussitôt par nos cervelles. Le soldat ne raisonne pas, on nous avait dit qu'il s'agissait d'une grande bataille : nous étions prêts.

A huit heures, les officiers se rendent au conseil, qui se tient dans une maison de Courbevoie. Tous les généraux sont là, le gouverneur de Paris leur communique ses projets, et l'on prend les dernières dispositions. Notre brigade doit servir de grande réserve à l'armée du centre et se mettra en marche à quatre heures du matin.

Les ordres sont aussitôt expédiés à tous les bataillons, et vers minuit nous rentrons au logis. Dans chaque compagnie on fait une distribution de cartouches, et les cuisiniers préparent le café.

CHAPITRE VIII

BATAILLE DE BUZENVAL

19 janvier. — A trois heures du matin nous sommes levés. Sans doute les membres sont bien un peu engourdis, et j'avoue que pour ma part les trois nuits précédentes, employées en courses, m'avaient laissé un stock de fatigue que je n'aurais pas été fâché d'écouler. Les deux ou trois heures de calme dont j'avais pu profiter m'avaient bien donné le goût du sommeil, mais ne m'avaient aucunement reposé. Cependant tout cela est bientôt oublié. S'il est vrai de dire qu'on ne dort jamais mieux que la veille d'une bataille, il est certain aussi qu'on n'est jamais aussi dispos.

A quatre heures, les compagnies sortent de leurs cantonnements. Le café a été pris, et les hommes vont se ranger en bataille sur le trottoir de l'avenue. Il fait absolument noir autour de nous; Neuilly est depuis longtemps privé de réverbères, et la lune, qu'on est accoutumé de considérer comme leur suppléante, ne daigne pas se montrer. Cependant on distingue sur la chaussée boueuse des masses noires qui avancent ; on entend le grincement plaintif des affûts qui passent. Ce mouvement avait duré toute la nuit.

Nos hommes attendent, l'arme au pied ; une heure se passe, les rangs ondulent, puis des groupes se forment autour des sacs, et l'on cause à voix basse en regardant. Le défilé continue toujours ; deux heures déjà se sont écoulées, le jour commence à poindre, sa lueur est terne et maussade. Les troupes passent toujours. Enfin la ligne tout entière est en avant de nous ; déjà nous distinguons dans le lointain des détonations sourdes qui, se succédant par intervalles, nous apprennent que l'action est engagée. Sans doute, nous allons partir..... Mais voici qu'une nouvelle série commence.

Ce sont les brancardiers, fossoyeurs, ambulanciers enrégimentés qui, à leur tour, nous ferment le passage. Ce nouveau défilé dura plus d'une heure ; mais quel étrange coup d'œil il offrait à nos regards !

Le ciel est gris, et le jour naissant répand une lumière triste sur les maisons voisines. Jamais semblable spectacle n'a captivé mon attention. On dirait, à voir ces hommes, des corporations qui passent en rang. Les uns sont habillés de noir avec de grands chapeaux bretons : ce sont des Américains dont la charité ingénieuse et dévouée est toujours au service de la souffrance. Des mulets chargés, des voitures où des lits sont préparés les suivent. Les autres sont revêtus de blouses grises ; ils portent des pelles et des pioches : à ceux-là est réservé le soin d'enterrer les victimes. L'étrangeté du coup d'œil écarte de nos esprits les pensées lugubres qu'un pareil cortège aurait dû y faire naître. L'appareil de la mort se revêt de teintes moins sombres quand il se présente sous cette forme bizarre. Des rires partis de nos rangs accueillent le cortège.

Qu'on ne nous reproche pas trop cette insouciance, elle est chez le soldat français le meilleur appoint du courage. Compagne de sa gaieté, c'est elle qui le soutient au milieu des fatigues et du danger.

Les fossoyeurs ont passé. Voici venir leurs cousins, les brancardiers. Cette fois le costume n'est plus soumis aux règles tyranniques de l'uniformité. Mais tous ont des casquettes ornées d'une croix rouge sur fond blanc, et portent des machines à l'usage des blessés ; ils escortent les cacolets et les voitures du train.

Puis c'est un corps d'ambulanciers, gardes nationaux désarmés, et que leur âge ou leur goût a retenus pour un service moins périlleux. Et le défilé s'allonge devant nous à perte de vue.

Je l'avouerai à ma grande honte, mais ce spectacle ne fit surgir en moi que des idées bouffonnes, et je puis ajouter qu'il en fut absolument de même chez tous les spectateurs forcés de cette parade. Je me rappelai qu'aux jours de gaieté du temps passé, j'avais assisté dans les revues à des défilés à peu près semblables. Mon imagination capricieuse et fidèle me représenta aussitôt ces exhibitions annuelles, pompeusement qualifiées pièces de théâtre, que la fantaisie des auteurs expose aux regards d'un public avide de ces tableaux variés. C'étaient des comparses qui passaient sur la scène et repassaient après avoir changé de costume derrière la toile. Eh bien ! je n'ai jamais vu au théâtre un défilé aussi bariolé, des costumes aussi étranges. La guerre a de semblables surprises.

Mais, après les ambulanciers, voici encore un autre cortége. Ce sont les voitures qui prennent leur rang. Le tableau a changé. Ce n'est plus une revue au théâtre, c'est un retour de courses aux Champs-Élysées. Tous les équipages sont là, confondus dans la foule. Coupés, landaus, omnibus de toutes couleurs, de toutes les lignes et de toutes les majuscules ; attelages à quatre chevaux, postillons. Bizarre revirement des choses humaines ! Ces équipages élégants qui, six mois plus tôt, ramenaient du Bois, vers six heures, la coquetterie oisive de nos grandes ou petites dames, voici que la charité les a consacrés à un noble et généreux usage. Jadis carrosses du plaisir menés à grandes guides, ils sont aujourd'hui les chars de la souffrance et reviendront à pas lents rapporter des blessés ou des morts. N'est-ce pas là l'expiation des folies auxquelles ils furent voués ?

Enfin le défilé a cessé. Il nous est permis de nous mettre à notre tour en marche. Mais le pont de Neuilly, exutoire insuffisant pour une si grande armée, est encombré par l'artillerie. Nous faisons dix pas dans la boue, puis il faut attendre un quart d'heure. La tête de colonne repart encore, une éclaircie s'est produite devant elle, voilà cinquante mètres de gagnés, et l'on s'arrête de nouveau. De telle sorte qu'il nous fallut bien trois quarts d'heure pour atteindre le pont, dont cinq cents mètres à peine nous séparaient.

Enfin, cet obstacle est franchi ; ce sera le dernier sans doute. Il est neuf heures et nous sommes déjà harassés par cette marche intermittente plus pénible que la course la plus rapide. Une route plus large s'ouvre devant nous, le bruit de la fusillade s'est rapproché, une sorte de fièvre qu'excitent encore tant de retards, s'est emparée de nous. Chacun voudrait courir. Mais la brigade n'avance que péniblement. Le chemin est coupé de barricades qui ne laissent qu'un étroit passage, et c'est par là que dix mille hommes doivent s'engouffrer. De là des haltes encore fréquentes, mais moins longues.

Déjà, d'ailleurs, les blessés reviennent, nous sommes sur leur passage, et nos hommes se pressent avidement autour d'eux pour recueillir quelques renseignements. Un vieux zouave descend, le bras en écharpe, cassé par une balle : « Tout va bien, répond-il à nos questions, nous avons enlevé les murs à la baïonnette, mais il y en a déjà beaucoup par terre. » D'autres le suivent, de divers corps, ceux-ci soutenus par un camarade moins blessé, ceux-là sur des brancards.

Nos questions se renouvellent, et les réponses sont toujours bonnes. Un lignard a reçu une balle dans la bouche, sa plaie béante est horrible à voir, mais il ne se plaint pas, tout va bien. Puis arrive après eux un commandant de ligne, à cheval. Il a reçu une balle en pleine poitrine, mais son portefeuille lui a tenu lieu de cuirasse ; il devait être tué ; il n'a qu'une forte contusion.

Enfin je vis, et tous mes camarades ont vu comme moi la scène suivante, bien digne sans doute d'être rappelée ici : Deux gardes nationaux descendent le long de la route, ils ne sont pas blessés, mais ils portent un mort. C'est encore là une lamentable victime de la guerre. Les querelles des nations ont tranché trop tôt les jours d'un malheureux auquel une vie meilleure était certainement réservée par la Providence; et sa famille éplorée l'attendra ce soir, demain et toujours : il ne reviendra plus.

C'est un lièvre qu'une balle a atteint dans son

gîte, et que les deux hommes rapportent triomphalement à Paris.

Ces scènes de deuil, tempérées parfois par des rires, n'étaient pas seules à nous faire oublier les longueurs de la route. Je pus, à ce moment, me rendre compte par moi-même de ce génie pratique qui distingue toutes les inventions américaines. Derrière la file des ambulances est une voiture légère ornée d'un tuyau et qui doit être une mitrailleuse à vapeur.

J'approche ; c'est une bouilloire ambulante qui va distribuer aux blessés du café, du thé ou de la tisane.

La voiture est surmontée de trois grands réservoirs tubulaires, sous lesquels un fourneau est établi ; l'avant-train de la voiture est un récipient à cassonade.

Le docteur américain qui conduisait la bouilloire, nous fit gracieusement goûter de ses produits ; ce n'était pas excellent, mais au moins c'était chaud. J'ai appris que cet intéressant véhicule avait été défoncé sur la place de Rueil par un obus. Les Bavarois, peu au fait des progrès de la civilisation, l'avaient pris pour une machine de guerre.

Nous sommes arrivés au rond-point des Bergères; la fusillade est toute proche, mais le Mont-Valérien nous masque le champ de bataille. Là, nouvel embarras. Où devons-nous aller? On nous a bien assigné comme poste de combat le moulin d'Hérode, à droite du fort; mais comment l'atteindre? de toutes parts il est environné de troupes qui n'ont encore pu passer. Heureusement le général Trochu est au Mont-Valérien, il nous a aperçus et envoie un officier d'état-major pour nous conduire.

Nous nous engageons dans les champs glaiseux qui sont au-dessus de Nanterre. Le dégel en a fait un épais bourbier. Piétiné par toute l'armée depuis la veille, le sol est gras et détrempé. Nos hommes, que leur sac n'allège pas, ont une peine extrême à avancer; bientôt les rangs se rompent, et c'est un par un qu'ils arrivent au moulin d'Hérode. Il est environ deux heures; dix heures se sont écoulées depuis que nous avons quitté nos cantonnements; et je ne sais rien de plus fatigant que cette marche interrompue et ces haltes intermittentes.

Nous sommes enfin en face du théâtre de l'action. Devant nous et à nos pieds, c'est la ferme modèle de Fouilleuse et le parc de Buzenval, sur lequel l'attaque avait été vive. A notre gauche, c'est Garches et Montretout ; là, le général Vinoy a refoulé l'ennemi, et la mousqueterie a presque cessé, à droite, sur la Malmaison, la Jonchère, Bougival, le feu a atteint une grande intensité. Sur ce point, cependant, nos lignes semblent plus éloignées, et le général Ducrot, qui commande la colonne de droite, s'est élancé avec tout son corps pour enlever les hauteurs. C'est par là qu'il doit donner la main au général Vinoy, en rejoignant le corps du général de Bellemare, auquel a été réservé l'attaque du centre.

Les bois où la lutte est engagée sont voilés par d'épais nuages de fumée blanche, d'où jaillit par intervalles un éclair rouge ; les mitrailleuses crépitent sans interruption. Quelques batteries légères sont établies à côté de la maison Crochard au-dessus de Rueil, d'où elles peuvent couvrir d'obus les hauteurs boisées de la Jonchère.

Nous avançons encore. Les groupes se rejoignent, les traînards arrivent, et on nous fait former en colonne serrée.

Le front de chacune de nos trois colonnes est composé d'une compagnie. Nous marchons ainsi dans la boue jusqu'au chemin qui mène de Rueil à Suresnes par la Briqueterie. Halte! ont crié les commandants, et les hommes restent l'arme au pied et en rang; bientôt il leur fut permis de former les faisceaux.

Nous composions ainsi une masse imposante, dix mille hommes serrés en trois colonnes offrent un imposant coup d'œil, et les journaux illustrés n'ont pas manqué quelques jours plus tard de le présenter à leurs lecteurs. Les gardes nationaux qui étaient avec nous, et dont les quatre bataillons constituaient le troisième groupe, avaient, sauf quelques rares exceptions, fort bonne façon. Tous demandaient à marcher en avant; le bruit de la fusillade, l'odeur de la poudre que le vent nous apportait, avaient excité les moins belliqueux. Nous aurions fait alors très-bonne figure devant l'ennemi. Hélas! nous étions arrivés trop tard pour jouer un rôle actif dans cette journée. Trop tard! c'est le mot de presque toutes les défaites.

Notre brigade devait servir de réserve à l'armée du centre, et quand nous arrivâmes sur le champ de bataille, l'espace resté libre entre Buzenval et nous était envahi par des troupes éparses; il n'était plus temps de nous faire avancer.

Je reprends, pour expliquer cette fâcheuse circonstance, le récit de ce qui s'était passé dès le début de l'action et les phases diverses de la bataille. J'emprunte aux dépêches officielles les éléments de mon récit, mais en les complétant et en les contrôlant par ce que j'ai pu voir ou apprendre moi-même.

Le premier rapport était du matin ; il révélait déjà quelles difficultés devaient surgir à chaque pas devant nos troupes : « Concentration très-difficile et laborieuse pendant une nuit obscure. Retard de deux heures sur la colonne de droite. Sa tête arrive en ligne en ce moment. » Cette laconique mention est à elle seule l'histoire de la journée. Retard et désordre, voilà l'explication.

J'ai dit plus haut que l'armée était partagée en trois groupes. Je rappelle brièvement le plan de bataille.

Le corps du général Vinoy étant arrivé de bonne heure par Suresnes, avait surpris l'armée prussienne ; aussi avait-il rapidement enlevé la redoute de Montretout, occupée par un poste ennemi, et pris les huit canons qui la défendaient. Le commandant, blessé au bras, était tombé entre ses mains. La redoute enlevée, il s'empara encore des maisons de Béarn, Pozzo di Borgo, Armengaud et Zimmermann. Son mouvement était dès lors exécuté. Il pouvait prendre en flanc l'armée prussienne et attaquer la Bergerie par la gauche : « A onze heures du matin, 60 prisonniers avaient été pris et toutes les positions occupées. »

Au centre, le mouvement avait été plus lent, mais il avait eu cependant un succès relatif. Là étaient en majeure partie les bataillons de la garde nationale, et la lutte avait été vive. Dès le matin, les zouaves avaient enlevé le premier mur du parc de Buzenval, le château, les premières tranchées ouvertes dans le parc et la maison du curé. Mais il avait fallu s'arrêter devant le second mur du parc. Crénelé et défendu par des troupes solides, ce mur devait être un obstacle infranchissable pour nos colonnes. Elles se heurtèrent là sans succès. En vain essaya-t-on d'employer « la dynamite » qui avait produit si bon effet sur le premier mur ; en vain avait-on tenté de l'abattre avec de l'artillerie amenée à grand'peine sur le plateau. Aucun moyen ne réussit. Les hommes durent passer toute la journée couchés à quelques mètres de ce mur que les balles prodiguées n'entamaient pas et d'où l'ennemi pouvait tirer à l'abri et à coup sûr. C'est là que furent tués Henri Regnault et tant d'autres que la France a pleurés.

D'ailleurs, le général de Bellemare, qui avait dès le matin envoyé presque toutes ses forces en avant, voyant que sa droite n'était pas appuyée par le troisième corps qui n'arrivait pas, dut développer ses troupes de manière à éviter toute surprise, ce qui paralysait tout mouvement offensif ; et sa réserve, dont il eût pu à ce moment tirer un si bon parti, n'était pas encore là.

L'attaque avait donc été commencée au centre et à gauche, avant que l'armée du général Ducrot entrât en ligne. Voici quelle était la cause de ce fatal retard. Les troupes avaient été concentrées dès la veille dans la presqu'île de Gennevilliers, mais elles devaient exécuter un mouvement considérable avant d'arriver sur le front de bataille. Douze kilomètres environ les séparaient du point d'attaque. La réunion des différents corps appelés de toutes parts avait eu lieu pendant la nuit, mais la voie était encombrée, et la route était obstruée par une colonne d'artillerie égarée.

Deux heures d'un temps précieux furent perdues devant ces obstacles, que la mauvaise fortume semblait avoir multipliés. Ce n'était pas encore tout. A peine la tête de colonne s'était-elle engagée sur la route de Nanterre à Rueil, qu'elle fut assaillie par une grêle d'obus, qui la fit hésiter et reculer.

Les Prussiens avaient établi à Carrières-Saint-Denis, auprès de la Seine, une formidable batterie qui leur permettait de battre la route, et ils en usaient. Il fallut, avant de passer outre, éteindre le feu avec des pièces de campagne auxquelles le Mont-Valérien vint encore en aide. Nouveau retard non moins fâcheux.

Enfin les troupes sont arrivées. La réserve occupe Rueil, où quelques bataillons de garde nationale se fortifient et se retranchent chez les marchands de vins. La colonne s'engage dans les bois de la Malmaison, où elle est entrée par les brèches, et monte vers la crête du plateau. Mais à la porte de Longboyau, il fallut s'arrêter encore : le mur est crénelé, la maison du garde transformée en une véritable forteresse. De là une résistance acharnée qui paralysa entièrement l'élan de nos troupes. L'artillerie ne pouvant avancer sur ce terrain détrempé, il fallut monter plusieurs pièces à bras, et on ne parvint que tard à battre le mur en brèche. Enfin il ne fut pas possible d'enlever cet obstacle. Plusieurs fois de suite, le général Ducrot s'élança à la tête de son corps ; les troupes de ligne et de garde nationale qui le composaient ne purent gagner de ce côté.

Je n'ai sans doute pas la prétention de critiquer le plan de bataille ; et plus que personne je sais combien les récriminations sont vaines. Mais pourquoi n'avoir pas suivi cette fois l'exemple des Prussiens ; nous avions une artillerie considérable, il eût fallu dès le matin la mettre en batterie dans la plaine, et de là, pendant deux heures, balayer tous les bois et les hauteurs. Les Prussiens, quels que soient leur flegme et leur courage, n'auraient pas résisté à cet ouragan, et un assaut nous aurait livré ensuite les tranchées et les murs abandonnés.

Tel est tout le secret de la tactique prussienne pour assurer la victoire : employer l'artillerie. Nous avions une grande quantité de pièces, j'en sais beaucoup qui n'ont pas été en batterie et qui revinrent immaculées.

La bataille était perdue déjà quand nous arrivâmes sur le plateau. Dès la première heure, la résistance des Prussiens avait été telle, qu'il n'était pas possible de songer à la vaincre avec les éléments divers dont on disposait, alors surtout que tous les renforts de l'ennemi devaient être arrivés de Versailles, et comme nous n'opposions pas de canons à leurs canons, il était bien évident que nos efforts étaient désespérés. Cependant le feu continuait toujours dans les bois avec une grande vigueur, on tirait dans les taillis. Nous voyions les lignes de fumée flottant au-dessus des arbres ; les nôtres, hélas ! n'avançaient plus.

Il était quatre heures. Le jour allait bientôt finir, cependant le feu ne cesse pas ; les réserves prussiennes se renforcent sans cesse, et bientôt un mouvement d'oscillation se produit dans les groupes qui couronnent les hauteurs en face de nous. J'ai dit que la crête des coteaux de la Bergerie ayant été enlevée dès le matin, tandis qu'une partie des troupes poussait en avant, l'autre était restée sur la pente comme réserve. Le mouvement que nous remarquions avait été provoqué par un retour offensif de l'ennemi contre la gauche et le centre de nos lignes.

Cette attaque, exécutée avec une grande violence par des troupes fraîches contre des hommes épuisés par la fatigue du combat et les marches de la nuit, pouvait compromettre toute l'armée. Alors le général Henrion, qui commandait la division de réserve et sous les ordres duquel nous avions été placés, reçoit l'ordre de se porter en avant pour soutenir l'effort des troupes prussiennes.

En un instant tout le monde est prêt, les faisceaux sont rompus, les sacs replacés et le mouvement commence. Il ne devait pas se poursuivre, et la tête seulement de notre division, qui était composée du 135ᵉ de ligne, se mit en marche.

La nuit était tombée, et quoique nos troupes, dans un dernier élan, eussent reconquis les crêtes boisées de Buzenval, il devenait impossible de se maintenir plus longtemps dans une position où les bataillons n'avaient pas pied, où l'artillerie n'avait pu monter pour appuyer les opérations. Pour constituer un établissement solide, à l'abri d'une surprise que rendait probable le retour des Prussiens, et donner quelque fixité à nos troupes, il eût fallu amener des pièces, et le sol défoncé ne leur permettait aucune manœuvre. Seules, les mitrailleuses étaient arrivées, mais elles n'étaient pas une protection suffisante contre la grosse artillerie employée par l'ennemi.

Notre mouvement fut donc arrêté dès le début ; l'ordre arrive bientôt de le suspendre, et nous reprenons nos premières positions. Notre division occupe les champs qui bordent la route de Rueil, et les hommes allument de toutes parts de grands feux avec les piquets de blanchisseur, dont les prés sont hérissés, et qui semblent la grande culture du pays. Le soir, il n'en restait plus un seul.

Sur tous les points la retraite générale est commencée. Je rapporte ici les termes mêmes du rapport militaire, qui rendront compte, mieux que je ne saurais le faire moi-même, des motifs qui l'avaient déterminée.

« Dans cette situation, il devenait dangereux d'attendre, sur des positions si chèrement acquises, une attaque de l'ennemi qui, amenant des forces de toutes parts, ne devait pas manquer de se produire dès le lendemain matin. Les troupes étaient harassées par douze heures de combat et par les marches des nuits précédentes employées à dérober les mouvements de concentration. On se retira alors en arrière dans les tranchées, entre la maison Crochard et le Mont-Valérien. Ce dernier protégeait le mouvement en lançant des obus en avant des points que nos hommes abandonnaient successivement. »

J'étais auprès d'une grange abandonnée, où s'était organisée une ambulance; les blessés étaient dans le fond, le reste avait été envahi par des soldats qui s'étaient couchés auprès d'un brasier. Je vis alors passer un groupe de Frères des Écoles chrétiennes qui ramenaient les blessés sur des brancards. Ce fut comme une apparition. Ils étaient bien beaux, ces hommes au sombre costume, au maintien humble, et qui s'étaient voués à ce rude labeur. Ne pas rendre à cet admirable dévouement un public hommage, ce serait trahir mon souvenir.

Quelle était donc la pensée qui inspirait à ces obscurs précepteurs de l'enfance une abnégation sublime? C'était encore le patriotisme qui sait revêtir mille formes pour se manifester. Cette fois, il avait pris les vêtements de la charité. Le soldat français se fait parfois gloire de ne respecter rien, mais je puis dire que, devant ce groupe, chacun se découvrait et admirait. N'étaient-ce pas aussi des enfants de la France qui donnaient leur vie pour elle?

Le mouvement de recul s'effectua par une nuit

obscure. Je crois qu'il n'a jamais été donné à personne d'assister à un semblable désordre. Les bataillons de la garde nationale descendaient pêle-mêle des hauteurs. Les hommes avaient abandonné leurs chefs; les officiers cherchaient leurs compagnies; les soldats s'appelaient entre eux. Chacun rentrait de son côté, sans souci de la discipline ou des ordres donnés; plusieurs durent être pris dans les lignes prussiennes, tandis qu'ils pensaient être derrière le Mont-Valérien. Un bataillon que je rencontrai croyait se diriger vers Suresnes : il allait s'engager dans la route de Garches; le même fait se reproduisit ailleurs. Tout le plateau élevé qui s'étend du Mont-Valérien jusqu'à Rueil était sillonné par une foule désorganisée, que l'obscurité avait affolée et dont chaque mouvement augmentait encore le désordre.

J'ai lu quelque part qu'Homère comparait l'assemblée des guerriers réunis devant Troie aux flots d'une mer orageuse, qu'eût-il dit s'il eût assisté à cette immense débandade?

Le mouvement se continua pendant la plus grande partie de la nuit, car beaucoup revenaient sur leurs pas ou tournaient sur eux-mêmes. Sur certains points, le départ avait été si précipité qu'on avait oublié les corps qui occupaient les avant-postes. Ainsi, à Garches, le commandant de Larcinty était retranché avec un bataillon de Bretons dans une maison qu'ils avaient prise le matin. Ils n'avaient pas été prévenus de la retraite, et restèrent là tout seuls. Bientôt les Prussiens rentrèrent dans les positions d'où on les avait chassés, le cercle de fer un instant distendu se resserra, et ils furent entourés. En vain voulaient-ils encore lutter; après une héroïque et inutile résistance, ils furent forcés de se rendre.

Tandis que les soldats-citoyens abandonnaient le champ de bataille dans ce tumulte que je ne saurais dépeindre, et qu'il faut attribuer d'abord à l'absence de renseignements précis et ensuite au manque de direction et de discipline, nous recevons l'ordre d'aller remplacer à Fouilleuse les bataillons qui descendaient. C'est là que nous devons passer la nuit, et si, comme on se le répétait à l'oreille, il est possible de recommencer le combat au lendemain, nous serons les premiers devant l'ennemi. Le général de Bellemare est installé avec son état-major dans une remise de la ferme. Le général Henrion, les colonels, Fournès des zouaves, Colomieu de la ligne, Valette des mobiles sont auprès de lui.

Ce fut une rude tâche d'amener nos bataillons au point qui leur avait été assigné. Le ciel était absolument noir; les astres de la nuit n'avaient pas voulu éclairer un tel désordre. A chaque instant, il passait des groupes de gardes nationaux égarés qui coupaient nos colonnes, et entraînaient à leur suite quelques-uns de nos hommes. Je rencontrai ainsi deux compagnies de mon bataillon qui s'étaient mises à la file d'une autre troupe et qui partaient avec elle, croyant suivre des camarades. J'avais l'avantage de connaître le pays et je pus les ramener à bon port; bientôt la brigade tout entière fut réunie devant Fouilleuse.

Une partie de nos bataillons reçoit l'ordre de rester dans la cour, l'arme au pied, car il n'était ni prudent ni possible de former les faisceaux; ceux de la Seine occuperont la tranchée à gauche des bâtiments de la ferme jusqu'à la briqueterie de Suresnes. Les bataillons de la garde nationale sont à droite dans la tranchée qui conduit à la maison Crochard. Les sentinelles sont placées à dix mètres en avant de quatre en quatre. Il a été absolument défendu d'allumer du feu, et le fossé est rempli d'eau, cependant un grand nombre de nos hommes s'y couche, les autres sont assis sur le talus ou sur leurs sacs et causent à voix basse.

En avant de nous, la ligne a conservé ses positions. Les feux de bivouac brillent au milieu des taillis de Buzenval; ce sont les grand'gardes qui attendent le signal du départ; il ne vint que dans la nuit. A la droite et à la gauche, le mouvement continue.

Cette nuit du 19 au 20 janvier m'a laissé de tristes souvenirs et m'a paru si longue, qu'il me semble aujourd'hui, quand je recueille mes impressions, que j'ai, pendant ces quelques heures, dépensé plusieurs années de ma vie. J'avais déjà appris par la conversation des officiers généraux auprès desquels j'étais, que la tentative avait échoué, et le spectacle de cette retraite précipitée était bien propre à développer les sombres pensées que les mauvaises nouvelles avaient fait naître en mon esprit. Puis la vue des blessés produit toujours une impression douloureuse. Les souffrances, de quelque nature qu'elles soient, se propagent bien vite, et chacune d'elles trouve un écho dans l'âme du spectateur.

Nous étions dans une grange ouverte. Au milieu, un grand feu avait été allumé ; de temps en temps, on y jetait un tronc d'arbre. Autour du brasier, assis sur des bancs, les généraux et les officiers dormaient ou causaient. A la porte se pressaient en foule les malheureux Bretons, qui avaient reçu l'ordre de rester dans la cour et qu'attirait la vue du foyer. Ils venaient y chercher une bouffée de chaleur et retournaient à leur rang. J'avais pu trouver une marmite et je m'y assis quelques instants.

Dans la nuit, on nous amena un prisonnier prussien. C'était un homme âgé, à la physionomie peu rassurée ; il donna quelques détails sur les pertes de son corps, et annonça que de grands renforts leur étaient arrivés.

Mais il fallait sans cesse porter des ordres, et je partais à l'aventure, me fiant à une bonne étoile pour me conduire au but que je cherchais. Un grand silence s'était étendu sur cette plaine naguère si animée et si bruyante ; les derniers bataillons de garde nationale étaient descendus, la ligne partait à son tour ; nous restions seuls. De distance en distance, quand je passais, un cri s'élevait de la tranchée : « Halte-là ! qui vive ? »

et je continuais mon chemin dans la boue épaisse qui formait le sol.

Après une de ces courses, j'étais rentré dans la grange déjà harassé par deux nuits sans sommeil; les bancs étaient occupés, ma marmite avait trouvé un possesseur. J'avise dans un coin un brancard, il était tout dégouttant de sang; mais la fatigue n'a pas de préjugés et je m'y couche; je dormis là près d'une demi-heure du plus profond sommeil. Puis, il faut repartir encore, et je reste ainsi sur pied jusqu'aux premières heures du jour. Vers une heure du matin, le froid, notre ennemi habituel était venu et les flaques d'eau de la tranchée se recouvrent de glace. Le général Henrion, pour nous réchauffer, nous offrit quelques gouttes de café qu'on lui apporta.

Le général de Bellemare était parti à son tour avec les dernières troupes de l'armée du centre. La division dont nous faisions partie restait seule pour prévenir et repousser un retour de l'ennemi. Les murs de Fouilleuse qui regardent Buzenval avaient été crénelés, ils sont garnis de gardes nationaux. Nos hommes doivent conserver la tranchée où ils sont à peu près gelés. Mais le jour venu on se réchauffe en marchant.

Une partie des bâtiments de la ferme avait été consacrée à l'ambulance. L'étable était envahie par les blessés qu'on ramenait de toutes parts et qui avaient passé la nuit à l'endroit où ils étaient tombés, les autres étaient partis la veille. Dans une pièce voisine, on avait déposé quelques cadavres. Il y avait là un officier de zouaves tout jeune et affreusement mutilé par un éclat d'obus; on lui avait recouvert la figure. Auprès de lui étaient étendus des gardes nationaux, dont l'un, m'a-t-on dit, avait été fusillé par ses camarades. Sa poitrine n'était qu'une plaie. On se blase vite sur la mort, et la vue de ces hommes ne me laissait déjà plus d'autre impression que celle de la pitié.

Vers onze heures, l'ordre nous arrive de partir. Nous redescendons à Suresnes, et à trois heures nous étions dans nos anciens cantonnements, harassés, affamés et mécontents.

Paris n'avait déjà plus à se faire illusion sur le résultat de la journée qu'on avait accordée à ses instances. La rentrée en désordre de son armée avait dû lui faire pressentir la vérité. Aussi, lorsqu'on afficha la note suivante, elle produisit peu d'émotion :

Notre journée, heureusement commencée, n'a pas eu l'issue que nous pouvions espérer.

L'ennemi, que nous avions surpris le matin par la soudaineté de l'entreprise, a, vers la fin du jour, fait converger sur nous des masses d'artillerie énormes avec des réserves d'infanterie.

Il est vrai que le correctif était à côté, on avait voulu donner au moins une fiche de consolation à la population parisienne :

Nos pertes sont sérieuses; mais, d'après le récit des prisonniers prussiens, l'ennemi en a subi de considérables. Il ne pouvait en être autrement après une lutte acharnée, qui, commencée au point du jour, n'était pas encore terminée à la nuit close.

C'est la première fois que l'on a pu voir réunis sur un même champ de bataille, en rase campagne, des groupes de citoyens unis à des troupes de ligne, marchant contre un ennemi retranché dans des positions aussi difficiles; la garde nationale de Paris partage avec l'armée l'honneur de les avoir abordées avec courage, au prix de sacrifices dont le pays leur sera profondément reconnaissant.

Si la bataille du 19 janvier n'a pas donné les résultats que Paris pouvait espérer, elle est l'un des événements les plus considérables du siége, l'un de ceux qui témoignent le plus hautement de la virilité des défenseurs de la capitale.

Voici maintenant, au dire des officiers généraux, et un peu d'après ce que j'ai pu voir moi-même, la vérité sur le rôle de chacun. Les troupes de ligne ont bravement marché, et le régiment de zouaves qui était en avant a montré qu'il n'avait pas dégénéré. Le 10ᵉ bataillon de mobiles qui était avec nous, s'est fort bien conduit; ses pertes furent nombreuses. Quant aux gardes nationaux, un certain nombre de leurs bataillons tels que le 106ᵉ, le 17ᵉ, ceux qui composaient le 9ᵉ régiment, ont suivi l'exemple des lignards, et leur honorable conduite mérite tous éloges.

Mais la bonne volonté de ceux-là fut paralysée sur tous les points par l'absence de direction, par le manque de cohésion.

Ces hommes qui n'avaient pas vécu ensemble, *ne se sentaient pas les coudes,* aucun ne comptait sur son voisin; c'est là, on le sait, ce qui fera toujours la supériorité de l'armée régulière, où tous se connaissent et se retrouvent au moment du danger. Enfin, quoi qu'on puisse dire des qualités individuelles d'un officier élu par sa compagnie, je crois que le meilleur n'en vaut rien, et que peut-être serait-il préférable de n'en pas avoir ; ce serait le désordre, mais non pas l'indiscipline.

D'ailleurs, à côté de certains bataillons, qui ont fait là leurs preuves, d'autres (qui devaient plus tard constituer l'élite des troupes de la Commune) se sont débandés dès le premier moment. Le mot d'ordre leur avait été donné par les comités auxquels ils obéissaient ; ils criaient à la trahison en se sauvant.

Il avait été décidé, dans les régions supérieures de Belleville, que la garde nationale réserverait ses forces et son courage pour une meilleure occasion : celle que devait offrir la plus odieuse des guerres. Mais devant l'ennemi, et à l'heure de la bataille que tous réclamaient et appelaient depuis si longtemps, une grande partie n'a rien fait, ou s'est enfuie.

Par conséquent, dans la garde nationale, il faut distinguer ceux qui ont voulu se battre ; ceux-là se sont très-bien conduits, quoique leur élan ne fût pas toujours bien dirigé ; et ceux auxquels leurs opinions défendaient sans doute de combattre.

Toutefois, lors même que la bonne volonté et le courage eussent été unanimes chez les troupes d'attaque, je ne crois pas qu'il fût possible d'espérer un résultat meilleur. Sans doute nous avions réussi à gauche, mais à droite et au centre nous n'avions même pas percé la première ligne des retranchements prussiens. Une journée entière de lutte acharnée nous avait à peine permis de gagner une centaine de mètres, et comme l'artillerie ne pouvait pas monter, il n'était pas possible de faire davantage.

Si nous nous étions, par un suprême effort, engagés plus avant, bientôt se seraient dressés devant nos troupes épuisées, des obstacles insurmontables : barricades formées de gros arbres enchevêtrés, formidables travaux de terre, tranchées profondes munies de canons, que les Prussiens avaient multipliés de toutes parts pour rendre le bois imprenable. Au sommet du plateau, c'est-à-dire au point où sont les haras Lupin, ils avaient construit une redoute armée de grosses pièces. Sans artillerie, il était impossible à nos troupes, quelle que fût leur valeur, de vaincre les difficultés accumulées sur leurs pas; et nos canons ne purent venir.

Enfin, et pour envisager toutes les hypothèses possibles, eussions-nous enlevé les hauteurs du

Butard et pris ensuite Versailles, Paris n'avait plus assez de vivres pour songer à tirer profit de sa victoire. Nous n'aurions pas été refoulés, qu'il nous eût fallu rentrer bientôt. Les mauvaises nouvelles qui allaient venir de province devaient révéler à tous que ce dernier effort, accordé aux réclamations de Paris, était absolument désespéré. J'ai écrit ces observations pour laisser croire encore aux survivants de la garde nationale, que, si Paris eût pu être défendu, sans doute il l'eût été par leurs bras.

Voici d'ailleurs, pour confirmer mon dire, comment le *Times* appréciait la sortie du 19 janvier. Nos voisins étaient bien informés et leur jugement a grande valeur en ces matières, car on ne l'accusera jamais de partialité à notre égard. Le correspondant écrivait.

Il est probable, toutefois, qu'aucune tactique n'aurait matériellement affecté le résultat : car quoique les assaillants eussent fait une bonne partie de chemin par Garches et Montretout sur Versailles, leurs colonnes furent reçues par un feu terrible, quand ils vinrent à portée des retranchements allemands.

En fait, des efforts pareils, toujours très-hasardeux, étaient à ce moment tout à fait tardifs. Les lignes allemandes étaient d'une force irrésistible, et les Français, découragés par des échecs répétés, ne combattaient plus avec un espoir véritable et avec confiance.

Cependant de nobles exemples de courage individuel furent donnés dans cette désastreuse journée, et le sacrifice de près de dix mille victimes montre assez que les troupes françaises au moins ne manquaient pas de dévouement patriotique.

C'était le 21 octobre que la sortie de Buzenval pouvait sauver Paris ; les travaux de l'ennemi n'étaient pas assez forts pour arrêter nos troupes, et l'on sait que notre mouvement causa à Versailles une véritable panique qui se manifesta aussitôt par des préparatifs précipités de départ. Mais ce jour-là avions-nous des soldats?

A peine rentrés dans leurs demeures, les hommes mangent et s'endorment, nous ne tardons pas à suivre leur exemple ; d'ailleurs, les instants de sommeil sont comptés. Le lendemain, à huit heures du matin, nous devons être partis pour Charenton.

CHAPITRE IX

ÉPILOGUE

Sunt lacrymæ rerum.

20 *janvier*. — Il pleut. Le ciel semble s'associer à notre douleur. Nous traversons Paris l'oreille basse, traînant derrière nous les bagages que nous avons amenés à Neuilly.

Enfin, nous sommes rentrés à Charenton. Le village est toujours désert, et pour fêter notre retour, les rares boutiques de la grande rue qui n'ont pas encore fermé, mettent en étalage les comestibles séducteurs qu'elles recélaient. L'état-major a choisi une autre installation, et celle-ci est des plus confortables. C'est une élégante maison qui appartient à un gros négociant en vins ; elle est restée en partie meublée. Au rez-de-chaussée nous avons à la fois un billard et un piano, au premier étage nous trouvons des chaises, des lits, des tables. Pour la première fois depuis trois mois nous pouvons avoir, luxe inconnu du soldat, des draps loués à prix d'or.

Le service extérieur n'a plus ses exigences premières. Déjà des bruits inquiétants circulent dans l'air ; on sent à la lassitude qui semble peser sur la population et sur l'armée, que le dernier effort a été tenté, et que Paris, dans quelques heures, devra ouvrir ses portes que l'ennemi n'a pu franchir. Aussi chacun s'enferme chez soi, on se repose et l'on attend avec angoisse ce qu'un avenir prochain nous réserve.

Une affiche du 20 janvier et signée du général Trochu donne plus de fondement encore à ces vagues terreurs. Nous sentons que l'agonie de la grande ville est commencée ; Buzenval était une des convulsions qui précèdent la mort. Pour nous qui sommes en dehors des fortifications, il nous semble entendre Paris râler.

La dépêche suivante a jeté l'épouvante dans la population :

Il faut, à présent, parlementer d'urgence à Sèvres, pour un armistice de deux jours, qui permettra l'enlèvement des blessés et l'enterrement des morts.

Il faudra pour cela du temps, des efforts, des voitures très-solidement attelées et beaucoup de brancardiers. Ne perdez pas de temps pour agir dans ce sens.

Mais alors, pour quel usage étaient réservés ces bataillons d'ambulanciers, fossoyeurs, brancardiers, etc... que nous avions vus défiler le 19 janvier, et qui avaient été une des causes de notre retard? Etaient-ce des comparses rangés pour occuper la scène, ou faisaient-ils partie du décor?

A cette affiche peu rassurante, une autre a succédé le soir. Elle annonce que Faidherbe et Bourbaki ont obtenu certains avantages, mais que Chanzy est en pleine déroute. Le style confiant et enthousiaste des dépêches d'autrefois a fait place à un exposé décourageant des opérations de l'extérieur. Personne à Paris, excepté les fous, ne conserve plus d'illusion sur l'issue prochaine de la lutte.

Autour de nous le bombardement continue. Les avant-postes signalent de nouvelles batteries prussiennes en face du fort de Charenton. Sans doute nous allons être bombardés une seconde fois.

Mais aucun fait nouveau, aucun obus ne vient, pendant les jours qui suivent, rompre la triste monotonie de notre vie. L'ennemi a respecté notre repos, et, comme le froid sévit toujours, nous nous enfermons dans nos maisons. La neige tombe et ses teintes blafardes ajoutent encore aux idées noires qui nous travaillent. Il semble que tous les cœurs soient serrés. En vain, pour secouer la tristesse qui nous oppresse, avons-nous recours aux distractions réunies sous nos mains : les cartes, la musique, le billard. Au début de la partie commencée, chacun s'arrête et on cause malgré soi de cet avenir sombre dont quelques jours à peine nous séparent.

Nous nous étions cependant promis de ne pas parler de ces douleurs, de ne pas réveiller ces pensées lugubres. Mais peut-on s'arracher à ces angoisses que chaque instant accroît encore ? Les nouvelles qui nous arrivent de Paris sont de plus en plus mauvaises. Le gouverneur est changé, et les misérables qui avaient échoué au 31 octobre ont renouvelé leur odieuse tentative. Cette fois nous n'avons pas eu à prendre les armes ; le bon sens de la population parisienne avait bientôt fait raison de quelques bandits habillés en gardes nationaux.

Les vivres deviennent très-rares. Notre pain, qui avait jusqu'alors conservé une véritable supériorité sur celui que les boulangeries privées distribuaient dans Paris, perd rapidement sa qualité et sa blancheur. Les Parisiens n'auront bientôt plus rien à nous envier.

Sur tous les points de l'enceinte, la ligne d'investissement, un instant élargie, semble s'être rapprochée encore. Les Prussiens avaient-ils peur de laisser échapper leur proie. On a remarqué que des travaux considérables ont été faits par eux depuis Montretout. L'intensité du bombardement augmente sans cesse, mais nos forts ne répondent plus qu'à regret. A Paris des groupes se forment, au milieu desquels on peut recueillir timidement hasardés les mots de capitulation, d'armistice.

Jeudi 26 *janvier.* — Nos deux colonels ont été appelés ce matin à Paris. Le général Trochu a voulu réunir un certain nombre d'officiers supérieurs pour les consulter une dernière fois, pour leur demander s'il n'y en a pas un parmi eux qui accepterait la responsabilité d'un nouvel effort. Dans un discours entremêlé de sanglots, il leur a exposé la situation militaire de Paris et de la France. Paris n'a plus de pain; la France n'a plus d'armée. Il faut céder à la famine qui approche, hideuse, et dont les étreintes se font cruellement sentir. Tous les assistants ont été d'avis que ce serait folie de continuer encore la lutte, et l'on se sépare tristement. Hélas! tous seront prisonniers demain.

La soirée se passe à entendre le récit de cette séance, et plusieurs fois les larmes nous sont montées aux yeux. Larmes de rage aussi, car il est bien dur, lorsqu'on tient encore une épée, de la sentir se briser dans la main.

Vendredi 27. — Voici le dénoûment du drame, tel que nous l'apporte l'*Officiel :*

Tant que le gouvernement a pu compter sur l'arrivée d'une armée de secours, il était de son devoir de ne rien négliger pour prolonger la défense de Paris.

En ce moment, quoique nos armées soient encore debout, les chances de la guerre les ont refoulées, l'une sous les murs de Lille, l'autre au delà de Laval. La troisième opère sur les frontières de l'Est. Nous avons dès lors perdu tout espoir qu'elles puissent se rapprocher de nous et l'état de nos subsistances ne nous permet plus d'attendre.

Le bombardement, qui ne s'était pas ralenti

pendant les négociations, cesse à minuit précis. Le Prussien ne nous a pas fait grâce d'un obus. Quelle a été la dernière victime? Telle est la générosité allemande, elle est subordonnée, dans son expansion mathématique, aux progrès de la chronométrie.

Samedi 28. — Nos bataillons ont reçu l'ordre de se préparer au départ. La campagne est finie pour nous, la captivité va commencer. Dès six heures du matin, les troupes cantonnées à Créteil et à Maisons-Alfort ont défilé devant nous : chasseurs, lignards, gardes nationaux qu'on ne désarme pas. Une compagnie de francs-tireurs arrive en dernière ligne, légèrement éclaircie par des haltes fréquentes chez les marchands de vin. Ils ont cru qu'il serait plus noble de noyer dans le vin leur douleur et leur dignité.

Vers une heure nous franchissons le pont-levis. C'est un triste voyage que celui-là, qui doit être pour nous le dernier de la campagne. La population nous regarde passer en silence, l'air étonné. Cependant, en traversant la place de la Bastille, j'ai entendu murmurer à mon oreille le mot de : « Lâches. » Stupide insulte qui ne s'élève pas plus haut que la boue dont elle est sortie. Il est beau de railler le soldat qu'on désarme.

Notre régiment se rend aux Invalides, les hommes jettent leur fusil et leur sabre en un tas, et s'éloignent pour ne plus voir ces compagnons de guerre qu'il faut quitter, débris auxquels sont attachés tant de souvenirs. Chacun a reçu l'ordre de retourner chez lui. Chaque jour les bataillons se réuniront à la caserne de Latour-Maubourg pour y recevoir les vivres de campagne, jusqu'à l'époque où le traité de paix permettra de nous licencier.

Je remarque dans Paris une vive émotion, qui contraste avec l'abattement des jours précédents. . Des groupes menaçants se forment, qui crient : La résistance ! pas de capitulation ! Pauvres gens qui ne savent pas que le Chassepot n'est plus qu'une arme vaine quand on n'a pas de pain !

29. *Armistice.* — Paris est mort. Son dernier soupir s'est exhalé dans les lignes suivantes, que je lis sur tous les murs :

C'est le cœur brisé de douleur que nous déposons

les armes. Ni les souffrances, ni la mort dans le combat, n'auraient pu contraindre Paris à ce cruel sacrifice. Il ne cède qu'à la faim. Il s'arrête quand il n'a plus de pain... L'armée, déclarée prisonnière de guerre, ne quittera point Paris. Les officiers garderont leur épée.

Mes notes ne vont pas plus loin. Sur la page mouillée de larmes où ces lignes étaient écrites, il n'y avait rien ; dans ma pensée d'où j'ai extrait ces souvenirs, il ne restait qu'une lointaine espérance. Je m'arrête à la fin de ce récit des événements auxquels j'ai pu assister moi-même, et dont les limites m'étaient tracées par le rôle si humble que j'ai pu moi-même remplir pendant cette guerre.

Toutefois, qu'il me soit permis en quelques mots, non pas de porter un jugement sur les hommes ou les choses que j'ai vus, mais au moins de rendre, en écrivant ces dernières lignes, un hommage au corps dont j'ai pendant sept mois partagé la vie et les fatigues, et auquel je serai toujours fier d'avoir appartenu.

Je n'ai pas à apprécier le rôle général de la garde mobile. Elle ne pouvait être que ce que des circonstances déplorables l'avaient faite. Réunie à la hâte, composée d'éléments disparates, instruite en quelques jours, elle n'avait pas sans doute cette cohésion nécessaire, cette discipline rigoureuse qui font les bonnes troupes.

L'élection des officiers qu'on lui avait accordée comme une faveur avait encore ajouté à ces causes de désorganisation et de désordre. Mais si des qualités importantes lui ont fait défaut, on en retrouve chez elle d'aussi grandes, que n'ont pas toujours les corps d'élite, et qu'elle devait à sa composition et à son esprit. Le courage poussé jusqu'à la témérité, l'abnégation élevé jusqu'à l'héroïsme, telles étaient ses marques distinctives, et les vieux officiers lui rendaient pleine justice. Parfois nos hommes n'obéissaient qu'à contre cœur quand on commandait des corvées, mais au jour du danger ils étaient toujours là, et quand il leur a fallu subir, par un froid de quinze degrés, ce bombardement d'Avron, dont l'histoire gardera le souvenir, ils sont restés dans leur tranchée ; ni la gelée ni les obus ne les ont fait céder. Combien d'actes de courage ou de dévouement qu'il ne m'a pas été possible de rapporter ont été accomplis dans les rangs de nos bataillons. Aussi, puis-je dire que si notre part dans le siége de Paris a été modeste et bien au-dessous de notre bonne volonté, au moins elle révèle ce qu'on aurait pu faire de nos conscrits s'ils avaient été mieux conduits.

Je ne veux pas clore ce récit sans payer ma dette de reconnaissance à tous ceux au milieu desquels j'ai vécu. En feuilletant chacune des pages de ma pensée, il m'a semblé que j'étais encore avec eux. Je leur dois ces longues heures de rêverie, pendant lesquelles le temps suspend son vol, et qui me faisaient vivre encore de la bonne vie d'autrefois, ç'a été pour moi un grand bonheur de me renfermer dans ma mémoire; les angoisses s'étaient à demi éteintes dans les brumes du passé, les jours heureux, au contraire, avaient grandi dans ce panorama du souvenir.

Enfin, je tiens à exprimer aux officiers supérieurs avec lesquels j'ai vécu, et qui ont été des amis pour moi, tous les sentiments d'affectueuse gratitude que mon cœur leur conserve. Nous avons lutté et souffert ensemble ; si l'avenir nous réserve de meilleurs jours, je ne forme qu'un souhait, c'est de me retrouver à côté d'eux quand la France appellera ses enfants pour la venger.

FIN.

TABLE DES MATIÈRES

Chapitre			
Chapitre	I.	Chatillon...	1
—	II.	Les élections. — Neuilly. — Sortie du 21 octobre.	32
—	III.	Bobigny. — Les grand'gardes. — Pantin. — Montreuil.	57
—	IV.	Le plateau d'Avron. — Champigny..	71
—	V.	Le Bourget. — La Maison-Blanche..	130
—	VI.	Bombardement.	151
—	VII.	Neuilly-Plaisance. — Vincennes. — Charenton. — Neuilly..	175
—	VIII.	Bataille de Buzenval..	193
—	IX.	Épilogue.	226

FIN DE LA TABLE.

Paris. — Imp. Vieville et Capiomont, 6, rue des Poitevins.

www.ingramcontent.com/pod-product-compliance
Lightning Source LLC
Chambersburg PA
CBHW070523170426
43200CB00011B/2306